Corso d'italiano per stranie

Elisabetta Vanni
Corso italiano per stranieri: Leo A2

Leo A2 wants help you to enter in contact with Italian language that is here represented in its everyday use.

You will find how to present yourself, how to create simple sentences to order or ask and, besides, easy grammar explanations with many exercises and activities.

The book presents to you the use and the basic rules of the Italian language.

Questo libro vuole aiutarti ad entrare in contatto con la lingua italiana che qui ti viene presentata nel modo più naturale possibile cioè con l'uso che se ne fa nella vita quotidiana.

Troverai quindi presentazioni, frasi e attività seguite da semplici spiegazioni grammaticali e poi da alcuni esercizi per divertiti a sperimentare quanto hai acquisito.

Corso d'italiano per stranieri

1   SOMMARIO

1   Presentazioni, verbi: essere e avere

Learn a new language and get a new soul.

Czech proverb

Salutare
Presentarsi
Nomi: femminili e maschili
Verbi: essere e avere
Alfabeto italiano

ciao buonasera
arrivederci
buongionro
salve
buonanotte

Do you know what these words mean? Try to translate in your language:

Ciao =
Salve =
Come stai? =
Buongiorno =
Buonasera =
Buonanotte=

📖 **Leggi il dialogo fra Leo e Maria**
Read the dialogue between Leo and Maria

Leo: Ciao. Come ti chiami?
Maria: Ciao. Io mi chiamo Maria e tu?
Leo: Io sono Leo. Non sei italiana, vero? Di dove sei?
Maria: Sono spagnola, di Madrid. E tu?
Leo: Io sono italiano, di Pisa. Piacere.
Maria: Piacere mio!

Rispondi
Answer

1) Di dove è Maria?
2) Di dove è Leo?

Maria è spagnol**a**
Leo è italian**o**

Mark è inglese.
Yan è cinese.
Juan è argentino.
Sharon è americana.
Damla è turca.
Annika è svedese.
Rainer è tedesco.
Annette è francese.
Mohammed è egiziano.
Lars è norvegese.
Lym è giapponese.

Maschile o femminile?

How do you recognize in Italian if a noun it's male or female?
Write down some male or female Italian nouns that you already
know.

Maschile	Femminile

Io sono Leo e sono italia**no**.
Lei è Maria, è spagno**la**.
Loro sono John e Sam e sono ingles**i**.

Cosa significa io sono?

Essere	*To be*
Io sono	*I am*
Tu sei	*You are*
Lei/lui è	*She/he is*
Noi siamo	*We are*
Voi siete	*You are*
Loro sono	*They are*

Io **sono** italia**no** di Pisa.
Maria **è** spagno**la** di Madrid.
John e Sam **sono** ingle**si** di Londra.
Juan **è** portoghes**e** di Lisbona.
Chung **è** cines**e** di Pechino.
Sharon **è** american**a** di Los Angeles

Ali è turco di Istanbul.
Caroline è brasiliana di San Paolo.
Anke è tedesca di Monaco di Baviera.
Lym è giapponese di Tokyo.

Esercizio 1. Rispondi.

Di dov'è Catherine Deneuve? |*Lei è francese*|
Di dov'è Andrea Bocelli? | |
Di dov'è Angela Merkel? | |
Di dov'è Barack Obama? | |
Di dov'è Sofia Loren? | |
Di dov'è la Regina Elisabetta? | |
Di dov'è Lionell Messi? | |
Di dov'è Penelope Cruz? | |

As you can see we say:

Andrea Bocelli è italiano *and*

Penolope Cruz è spagnola

because Bocelli is a man and Penolope Cruz is a woman.

In Italian it's important to remember the gender of every noun,

person and object. Every word is female or male.

Doesn't exist neuter.

Maschile o femminile?

Maria è bella
Mario è bello
Leo è simpatico
Carla è simpatica

Nouns ending indicate gender:
Masculine nouns generally ending in -o at singular and -i at plural

Feminine nouns generally ending in -a at singular and -e at plural

Nouns ending in -e can be feminine or masculine and at plural ending in -i

ristorante   maschile (m.)
stazione   femminile (f.)

La casa è nuova (f. singolare) Le case sono nuove (f. plurale)
Il libro è nuovo (m. singolare) I libri sono nuovi (m. plurale)

Il ristorante è buono (m. singolare) I ristoranti sono buoni
La stazione è antica (f. singolare) Le stazioni sono antiche

Esercizio 2. Completa con il verbo essere alla persona giusta
Complete with the right form of the verb

1. Maria | è |spagnola.
2. Io e Carlo | | italiani.
3. Samuel | | irlandese.
4. Voi | | americani?
5. No, noi | | australiani.
6. Loro | | indiani?
7. Io | | argentino.
8. Tu | | uno studente?
9. No, io non | | uno studente.
10. Io | | il professore.

Esercizio 3. Scrivi se il nome è maschile (m.) o femminile (f.)
Write if the noun is male (m.) or feminine (f.)

1	pizza		f.	
2	tavolo			
3	libro			
4	sole			
5	camera			
6	piatto			
7	stazione			
8	bottiglia			

9	caffè			
10	città			
11	giorno			
12	sera			
13	mattina			
14	uomo			
15	donna			
16	ragazza			
17	ragazzo			
18	fratello			
19	sorella			
20	madre			
21	amico			
22	studente			
23	insegnante			
24	luna			
25	casa			

Io **ho** 25 anni. E tu? Quanti anni **hai**? (*How old are you?*)
Maria **ha** 15 anni.

John e Sam **hanno** 20 anni.

What does "ho" mean?

Avere	*To have*
Io ho	*I have*
Tu hai	*You have*
Lei/lui ha	*She/he has*
Noi abbiamo	*We have*
Voi avete	*You have*
Loro hanno	*They have*

Io ho un**a** biciclett**a** ross**a**

Un**a** = articolo indeterminativo femminile singolare *(indefinite article)*
Biciclett**a** = nome femminile singolare *(feminine singular noun)*
Ross**a** = aggettivo femminile singolare *(feminine singular adjective)*

N.B. Tutti femminili.

The agreement: It's important to remember that if the noun is feminine also the article and the adjective must be feminine. The same, of course, if it's masculine.

Io ho un libr**o** nuov**o**   Io ho un**a** casa nuov**a**

Articoli indeterminativi

An indefinite article is used before a noun when it refers to an unspecified person, animal or object. It must match the gender of the noun.

Articoli indeterminativi **femminili singolari**:

UN' prima di parole che iniziano per vocale
UNA prima di parole che iniziano per consonante

un'amica
una casa

Articoli indeterminativi **maschili singolari:**

UN prima di vocale e consonante "normale"
UNO prima di parole che iniziano con s+consonante, z, ps, gn

un albero
un tavolo
uno studente

Esercizio 4. Inserisci l'articolo indeterminativo adatto.
Put the right determinative article

1) Io ho | *un* | cane.
2) Mario ha | |amica americana
3) Sandro e Sara hanno | | figlio piccolo.
4) I miei genitori hanno | | casa grande.
5) Tu hai | |gatto?
6) Stefano ha | | bicicletta nuova.
7) Carla è | | mia cara amica.
8) Sandro non è | |studente, lui è | | professore giovane.
9) In bagno c'è | |specchio molto grande.
10) In sala c'è | |divano bianco.
11) Hai | | penna?
12) Lui è | | scienziato.

Esercizio 5. Inserisci il verbo essere.
Put the right person of the verb "essere"

1. Io |sono| italiano.
2. Maria | | spagnola.
3. Loro | | tunisini.
4. La pasta | | buona.
5. Voi | | tedeschi?
6. Noi | | fratelli.
7. Io | | stanca.
8. Loro | | amici.
9. Tu | | brasiliano?
10. Lei | | svizzera.

Esercizio 6. Inserisci il verbo avere.
Put the right person of the verb "avere"

1. Io |ho| 30 anni.
2. Tu | | fratelli o sorelle?
3. Loro | | molti amici.
4. Voi | | fame?
5. Maria | | 20 anni.
6. Io | | una bicicletta bianca.
7. Noi | | una casa nuova.
8. Lei | | sete?
9. Lui | | un cane molto bello.
10. Noi | | un libro vecchio.

> *In Italian we say:* Ho fame = *I'm hungry*, Ho sete = *I'm thirsty*, Ho sonno = *I'm sleepy*

Io ho fame.

Tu hai sete.

L ᴅʀᴏ

~~Essi~~ hanno freddo.

Io ho caldo.

Lui ha sonno.

Esercizio 7. Inserisci il verbo essere o avere.

1. Io |*sono*| italiano, di Milano.
2. Io e Leo | | molti libri.
3. Anche voi | |molti libri a casa?
4. Voi | | tedeschi? No, noi | | olandesi.
5. Quanti anni | | tu? - Io | | 56 anni. E tu?
6. Marco | | contento perché | | molti amici.
7. Voi | | una penna, per piacere? - No, mi dispiace, però | | una matita
8. Io | | 29 anni.
9. Loro | | un appartamento in centro.
10. Lui | | una macchina tedesca.

*per piacere = per favore

📖 **Leggi il dialogo.**
Read the dialogue

Leo: Ciao Maria come stai?
<u>Maria:</u> Ciao Leo, io sto bene. Tu?
Leo: Benissimo, grazie. Senti, hai un numero di telefono italiano?
<u>Maria:</u> Certo. Ho un telefono nuovo. Scrivi: 345 6766789, questo è il numero del mio cellulare.
Leo: Grazie. Stasera ti chiamo. Scrivi anche il mio numero: 343 5729818.
<u>Maria:</u> Perfetto! A dopo.

Domande di comprensione:

Come sta Maria?
Maria ha un telefono?
Qual è il suo numero di telefono?
E il numero di telefono di Leo?
Qual è il tuo numero di telefono?

Qual è? = *Which is?*

I NUMERI

1 uno	11 undici	21 ventuno	40 quaranta
2 due	12 dodici	22 ventidue	50 cinquanta
3 tre	13 tredici	23 ventitré	60 sessanta
4 quattro	14 quattordici	24 ventiquattro	70 settanta
5 cinque	15 quindici	25 venticinque	80 ottanta
6 sei	16 sedici	26 ventisei	90 novanta
7 sette	17 diciassette	27 ventisette	100 cento
8 otto	18 diciotto	28 ventotto	110 centodieci

Corso d'italiano per stranieri

| 9 nove | 19 diciannove | 29 ventinove | 1000 mille |
| 10 dieci | 20 venti | 30 trenta | 2000 duemila |

Quanto fa 15 + 7? Quindici più sette fa ventidue
Quanto fa 100 + 90? | |

Esercizio 8. Scrivi i numeri come nell'esempio.
Write the numbers in letters like in the exemple

1)   Io abito in via Garibaldi, n° 15 |*quindici*|
2)   Il mio numero di telefono è 346 567689 | |
3)   In classe ci sono 16 studenti | |
4)   Io ho 4 fratelli | |
5)   L'Hotel ha 25 camere | |
6)   Io ho 39 anni | |
7)   Mio fratello ha 19 anni | |
8)   La casa ha 7 stanze | |
9)   12+20 = | |
10) 50 + 30 = | |

Esercizio 9.

1) Roma *ha* 9 milioni di abitanti.   *falso*

2) Firenze ___ la capitale d'Italia.

3) L'Italia ____ un clima mediterraneo.

4) Milano ____ una città piccola.

5) L'Italia ____ una repubblica.

6) La bandiera italiana ___ tre colori.

7) La Toscana ____2 provincie.

8) Pisa e Lucca ____ in Toscana.

9) L'Italia ___ una penisola.

10) Palermo __ in Sicilia.

Completa le frasi.
Complete the sentences

1)   Io ho 1 |*fratello*|.
2)   Noi abbiamo 3 | |.
3)   Voi siete 2 | |?
4)   Loro hanno 5 | |.
5)   Voi siete 3 | |?
6)   Tu hai 2 | |?

Esercizio 10. Lavora con un compagno.
(Work with your friend)

Come ti chiami?
Sei italiana/o?
Di dove sei?
Quanti anni hai?
Hai fratelli o sorelle?
Hai figli?
Hai una macchina?
Hai un libro d'italiano?
Hai una bicicletta?
Qual è il tuo numero di telefono?

L'alfabeto italiano.

A acqua	H (acca) hotel	Q (cu) quaderno
B (bi) bacio	I isola	R (erre) rosa
C (ci) caffè	L (elle) luna	S (esse) sole
D (di) domani	M (emme) madre	T (ti) tavolo
E euro	N (enne) nave	U uva
F (effe) fiume	O orso	V (vu) vino
G (gi) gelato	P (pi) palla	Z (zeta) zucchero

Pay attention to the pronunciation of C and G

Casa [k]   gatto [g]
Cosa [k]   gondola [g]
Cucina [k]   gusto [g]
Ciao [tʃ]   gelato [dʒ]
Cena [tʃ]   pagina [dʒ]
Chiave [k]   colleghi [g]
Maschera [k]   Margherita [g]

19

C-G

Ca: casa	Ga: gatto
Co: cosa	Go: gondola
Cu: cucina	Gu: gusto
Ci: ciao	Gi: pagina
Ce: cena	Ge: gelato
Chi: chiave	ghi: colleghi
Che: maschera	ghe: margherita

The Italian alphabet does not normally include the letters J, K, W X and Y, but since there are some words derived from other languages that are normally used in Italy (as well as personal names), we included these letters in here.

J i lunga
K cappa
X ics
W doppia vu
Y ipsilon

Corso d'italiano per stranieri

In this lesson you learnt to say your name, your age and your nationality. You saw that in Italian every word is feminine or masculine. The gender in Italian language is important because is reflected in all the words connected. We saw also two important verbs like essere *and* avere. **Essere** *is a verb that we use to speak about the identity or personality and* **avere** *is the verb of possession.*

Appendice

Esercizio 1.A
Inserisci il verbo __essere__ o __avere__ alla persona giusta

1) Roberto Benigni __è__ di Firenze.
2) Tiziano Ferro | | 45 anni.
3) Renzo Piano | | un architetto italiano.
4) Macerata | | una città italiana.
5) Vasco Rossi | | molti amici.
6) Sofia Loren | | una sorella
7) Roberto Bolle | | un ballerino.
8) Giovanna Mezzogiorno | | un'attrice.

Esercizio 1.B
Completa le frasi.

1) Il libro è nuov-**o**
2) La macchina è vecch| |
3) I bambini sono bell| |
4) Le case sono giall| |
5) Gli studenti sono intelligent| |
6) La stazione è antic| |
7) Il treno è rapid| |
8) L'appartamento è grand| |

Write what you have learned in this lesson

Write the doubts you have and then ask to your teacher

2   Al bar. Coniugazione dei verbi regolari e articoli

You may have the Universe if I may have Italy

Giuseppe Verdi

Ordinare al bar
I pasti in italiano
Nomi del cibo
Verbi regolari
Articoli determinativi e indeterminativi

Colazione *breakfast*   **Pranzo** *lunch*   **Cena** *dinner*

1)   Cosa <u>mangi</u> a colazione di solito?
       What do you generally eat for breakfast?

Io mangio un cornetto e bevo un caffè, di solito.

Corso d'italiano per stranieri

Io a colazione **mangio** pane burro e marmellata e bevo un caffè.
E tu?

2) Cosa <u>mangi</u> a pranzo?

Io, generalmente, a pranzo **mangio** un piatto di pasta. E tu?

3) Cosa <u>mangiano</u> i bambini a cena?

A cena **loro mangiano** una zuppa o riso e carne e verdura. E
voi?

MANGI-**ARE** (verbo) = *To eat*

Io mang**io**
tu mang**i**
lei/lui mang**ia**
noi mang**iamo**
voi mang**iate**
loro mang**iano**

Io preparo la cena in cucina.

Prepar**are** (un verbo regolare come mangiare)

Io prepar**o**
tu prepar**i**
lei/lui prepar**a**
noi prepar**iamo**
voi prepar**ate**
loro prepar**ano**

Il papà **prepara** la colazione per i bambini..

la colazione = nome femminile singolare
il papà = nome maschile singolare
i bambini = nome maschile plurale

Singolare e plurale

Singular nouns are made plural according to these basic rules:

Nouns ending in **–O** *or* **–E** *change the plural to* **–I**

Un libro - due libri   Un ristorante - due ristoranti

Nouns ending in **–A** *change to* **–E**

Una casa – due case

Nouns ending with accent do not change

Un caffè – due caffè

English nouns do not change in plural

Un bar – due bar

Esercizio 2.1. Scrivi il plurale di queste parole

bambino – *bambini*
bambina –
piatto –
tavolo –
fiore –
penna –
finestra –
porta –
bicchiere –
bottiglia –
colazione –

biscotto –
caffè –
città –
bar –
sport –

Articoli determinativi

A definite article is used before a noun when we are speaking about a particular person, animal, object or concept.
As the noun the article changes gender (maschile e femminile) *and number* (singolare e plurale).

Maschile singolare	Maschile plurale
IL *before consonants*	I *before consonants*
L' *before vowels*	GLI *before vowels*
LO *before words starting with s+consonants, gn, z*	GLI *before words starting with s+consonant, gn, z*
Femminile singolare	**Femminile plurale**
LA *before consonant*	LE
L' *before vowels*	

Esercizio 2.2. Inserisci l'articolo determinativo e forma il plurale.

| il| biscotto

| i |biscott.i.

| |caffé

| |caff...

| | aranciata

| | aranciat...

| |marmellat...

| |marmellat...

| | frittella

| |frittell...

| |spumante

| |spumant...

| |spremuta

| |spremut...

| | cornetto

| | cornett...

📖 Molti italiani, come Mario, <u>fanno</u> colazione al bar. <u>Ordinano</u> un cornetto e un caffè o un cappuccino, <u>mangiano</u> una brioche e <u>parlano</u> qualche minuto con amici e colleghi.

<u>Verbi</u>

In italiano ci sono 3 coniugazioni verbali.

1.Desider-**are**	2. Prend-**ere**	3.Dorm-**ire**
Io desider-**o**	Io prend-**o**	Io dorm-**o**
Tu desider-**i**	Tu prend-**i**	Tu dorm-**i**
Lei/lui desider-<u>a</u>	Lei/lui prend-<u>e</u>	Lei/lui dorm-<u>e</u>
Noi desider-**iamo**	Noi prend-**iamo**	Noi dorm-**iamo**
Voi desider-ate	Voi prend-ete	Voi dorm-ite
Loro desider-ano	Loro prend-ono	Loro dorm-ono

The regular verbs are divided into <u>three groups</u> called conjugations. They are identified according to the infinitive endings. Pay attention that the third conjugation has two possibilities.

The third conjugation has also another possibility

capire –   io cap-isc-o

Cap-**ire**
Io cap-**isc**-o
Tu cap-**isc**-i
Lei/lui cap-**isc**-e
Noi cap-iamo
Voi cap-ite
Loro cap-**isc**-ono

Finire – preferire – pulire –alleggerire – aderire – percepire ecc…

Io fin**isco** – tu fin**isci** – lei/lui fin**isce** – noi finiamo – voi finite – loro fin**iscono**.

Completa

	Finire	Preferire	Pulire
Io	finisco		
Tu			
Lei/lui			
No			
Voi			
Loro			

Esercizio 2.3. Coniuga il verbo alla persona giusta.

1.   Maria (mangiare) |*mangia*| molta frutta
2.   Carlo (guardare) | | sempre la TV
3.   Io (preparare) | | la cena alle 7
4.   I ragazzi (raccontare) | | una storia interessante
5.   Noi (parlare) | | spagnolo
6.   Tu (studiare) | | la lingua tedesca?
7.   I bambini (giocare) | | a calcio
8.   La mamma di Sandro (cucinare) | | molto bene
9.   Mio fratello (dormire) | | poco
10.   I ragazzi non (rispondere) | | al telefono
11.   Roberto (ascoltare) | | la radio
12.   Giulia (leggere) | | il giornale
13.   I miei genitori (abitare) | | in Inghilterra
14.   Tu e i tuoi amici (partire) | | domani?
15.   Maria (vivere) | | a New York.
16.   Io e mio fratello (mangiare) | | sempre insieme.
17.   Io (studiare) | | cinese.
18.   Loro (finire) | | di lavorare alle 8:00.
19.   Tu (capire) | | sempre tutto.
20.   Gli italiani (preferire) | | il vino rosso.

📖 Leggi il dialogo

Cameriere: Buongiorno, cosa desidera? (**Nota:** formale LEI)
Leo: Buongiorno, prendo un caffè macchiato e un cornetto grazie.
Cameriere: Basta, così?
Leo: Anche una spremuta d'arancia, per favore.
Cameriere: Certo, ecco qui.
Leo: Quant'è?
Cameriere: 3 euro e 50 centesimi.
Leo: Ecco a Lei.
Cameriere: Grazie e arrivederci.

Rispondi:

1. Cosa prende Leo?
2. Cosa beve?
3. Cosa mangia?
4. Quanto spende?

☞ **FORMA DI CORTESIA (formale)**

In Italia quando parliamo con una persona anziana o con una

---

persona che non conosciamo usiamo la FORMA DI CORTESIA.

La forma di cortesia si forma usando il Lei+ la 3° persona singolare.

Esempio: Buongiorno Signora Rossi, come sta? FORMA DI CORTESIA

Buongiorno Sara, come stai? INFORMALE

Cosa desidera, Signora? FORMALE

Cosa desideri, Sara? INFORMALE

Trasforma le frasi da informale a formale.

- Ciao, come stai? - *Buongiorno, come sta?*
- Di dove sei?
- Dove abiti?
- Quanti anni hai?
- Che lavoro fai?
- Cosa desideri da bere?
- Dove preferisci andare?
- Sara, cosa mangi per colazione? – *Signora,*

Leggi

Maria all'Ufficio postale

Sig.ra Rossi: Buongiorno Maria, come stai?
Maria: Buongiorno, Sig.ra Rossi, sto molto bene grazie. E Lei? Come sta?

Sig.ra: Anch'io grazie. Cosa fai qui?
Maria: Mando un regalo a mio fratello. È il suo compleanno. E Lei? Cosa fa alla posta?
Sig.ra Rossi: Io ritiro una raccomandata. Ecco ora tocca a me. A presto Maria.
Maria: Arrivederci, signora.

Perché Maria è all'Ufficio Postale?

La famiglia

La madre
Il padre
Il figlio
Il fratello
La sorella
La figlia
Il nonno
La nonna
Il cugino
La cugina
Lo zio
La zia
Il nipote
La nipote

Articoli determinativi

Completa la tabella degli articoli determinativi

Singolare	Plurale
LA	LE
L'	LE
La prima di _____	

L' prima di _____	
IL	I
LO	GLI
L'	GLI
IL prima di _____	
L' prima di _____	
Lo prima di sb, sc, sd, sg, sl, sm, sn, sp, sq, sr, st, sv, ps, z	

Il tavolo *maschile singolare* **I** tavoli *maschile plurale*
L'albero *maschile singolare* **Gli** alberi *maschile plurale*
Lo studente *maschile singolare* **Gli** studenti *m. p.*
La casa *femminile singolare* **Le** case *femminile plurale*
L'amica *femminile singolare* **Le** amiche *f. p.*

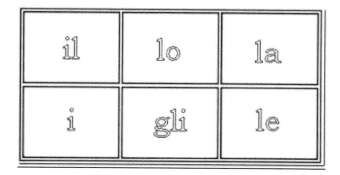

Esercizio 2.4 Inserisci gli articoli determinativi al singolare:

Corso d'italiano per stranieri

| | amica | |professione

|il |giardino | |sedia

| | camera | |letto

| |stanza | |tavolo

| |armadio | |finestra

| |stazione | |tappeto

| |specchio | |televisione

| | quadro | |colazione

| | pranzo | | riso

| | lavoro | |vino

| | acqua | |dolce

| | antipasto | |zio

Esercizio 2.5. Inserisci gli articoli al plurale:

gli | spaghetti

_____studenti   _____mamme

_____donne   _____uomini

_____ristoranti   _____strade

_____stazioni   _____fratelli

_____piatti   _____amiche

Corso d'italiano per stranieri

____quaderni	____stanze
____colazioni	____pranzi
____cene	____bottiglie
____armadi	____televisioni
____penne	____matite
____dottori	____atti
____gatte	____fiori
____specchi	____zaini

Aggettivi. Normalmente seguono il nome perché a lui si riferiscono per genere e numero.

In Italian the adjectives agree with the noun they modify.

Il ragazzo simpatico   I ragazzi simpatici
La bambina simpatica   Le bambine simpatiche

📖   **Esercizio 2.6**. Metti al plurale le seguenti frasi.

1) Il piatto grande |*I piatti grandi*|
2) La ragazza intelligente | |
3) Lo studente antipatico | |
4) L'amica sincera | |
5) Lo sport faticoso | |
6) La serata meravigliosa | |
7) Il maglione rosso | |
8) L' albero verde | |
9) Il giardino fiorito | |

10)   L'informazione sbagliata | |

| La mia casa è piccola | Il suo cane è grande |
| La sua borsa è marrone | Il nostro professore è gentile |

Osserva:

Mia madre ha i capelli rossi
Il mio amico è americano

Gli aggettivi possessivi

Maschile sin.	Femminile sin.	Maschile pl.	Femminile pl.
mio	mia	miei	mie
tuo	tua	tuoi	tue
suo	sua	suoi	sue
nostro	nostra	nostri	nostre
vostro	vostra	vostri	vostre
loro	loro	loro	loro

Italian possessive adjectives modify nouns and indicate the possessor as well as the thing possessed. They agree in gender and number with the noun being referred to.

As a rule, possessive adjectives are preceded by an article. But the article is not used, though with the names of family members in the singular: marito, moglie, padre, madre, figlio, figlia, fratello, sorella

Es: il mio libro, la tua borsa, il suo quaderno, le nostre macchine, i vostri telefoni, le loro giacche

➢ Con i nomi di famiglia al singolare non si usa l'articolo davanti al possessivo:

Mio padre; tuo fratello; tua zia; mio nipote; ecc.

➢ Mentre al plurale ci vuole l'articolo:

I tuoi fratelli; le tue zie; i miei nipoti; ecc.

Esercizio 2.7. Trasforma le frasi inserendo gli aggettivi possessivi, come nell'esempio

Io ho un fratello più grande – |Mio| fratello è più grande.

Maria ha gli amici simpatici – I | | (di Maria) amici sono simpatici.

I miei genitori hanno un gatto nero – Il | | gatto (dei miei genitori) è nero.

Questo è il libro di Luca? - Questo è il | | libro (di Luca)?

Voi avete una macchina rossa? - La | | macchina è rossa?

Un amico mio e di Luca è argentino – Un | | amico è argentino.

I figli dei Signori Rossi sono in vacanza – I | | figli sono in vacanza.

Ho una penna nuova – La | | penna è nuova.

La casa di Sara è molto vecchia – La | | casa è molto vecchia.

Il fratello di Sandro ha 19 anni. - | | fratello ha 19 anni.

Esercizio 2.8 Riordina le frasi
Put the sentences in order

non – amica – la – parla – italiano – mia – americana
| *la* | | *mia* | | | | | | | | | | | |
non – quaderno – ho – la – io –il – ma - ho – penna
| | | | | | | | | | | | | | | | | | |
bicicletta –molto - una – lui – rossa – ha – bella
| | | | | | | | | | | | | | |
vive – grande – con – città – in – sua – una – sorella – Sandro
| | | | | | | | | | | | | | | | | | |
TV – i – guardano – bambini – cartoni – i - in
| | | | | | | | | | | | | | |

Esercizio 2.9. Completa il testo coniugando i verbi tra parentesi.
Complete with the correct form of the verbs.

Sara è una giovane ragazza di Firenze.

Lei 1. (avere) | *ha*| 18 anni, 2. (vivere) | | in periferia insieme ai suoi genitori e suo fratello, Andrea.

Sara 3. (frequentare) | | il primo anno di Università dove
4.(studiare) | | ingegneria informatica.

Nel tempo libero 5. (amare) | | fare sport.

Lei 6. (andare) | | al campo sportivo di Rifredi tre volte alla
settimana: 7. (correre) | | e 8. (giocare) | | a pallavolo. Sara
9. (amare) | | molto mangiare e di solito 10. (preferire) | | i
dolci.

Dove vive Sara?
Con chi vive?
Cosa studia?
Cosa ama fare nel tempo libero?
Tu abiti in centro o in periferia?
Tu ami lo sport?

Vicino – Lontano
Centro - Periferia

Esercizio 2.10. Ripassa le coniugazioni regolari, completa la
tabella

Studi<u>are</u>	Viv<u>ere</u>	Part<u>ire</u>	Fin<u>ire</u>
Io | |	Io *vivo*	Io | |	Io | |
Tu *studi*	Tu | |	Tu | |	Tu | |
Lei/lui | |	Lei/lui | |	Lei/lui | |	L/L *finisce*

Corso d'italiano per stranieri

Noi |	Noi |	Noi |	Noi |
Voi |	Voi |	Voi |	Voi |
Loro |	Loro |	Loro *partono*	Loro |

Appendice

Esercizio 2.A
Coniuga il verbo tra parentesi

1) Sara (mangiare) | *mangia* | molta frutta.
2) I bambini (studiare) | | in camera.
3) Gianni non (parlare) | | il francese.
4) I nonni (dormire) | | sul divano.
5) Il film (finire) | | presto.
6) Juan (capire) | | bene l'italiano.
7) La lezione (iniziare) | | tra 20 minuti.
8) La mamma oggi non (cucinare)

Esercizio 2.B
Scegli gli aggettivi adatti al nome.

grande bella comoda **nuovo** interessante bionda cara verdi vecchi bassa alti giovane brava facile divertente vicini

libro	casa	ragazza	alberi
nuovo			

Scrivi cosa hai imparato in questa lezione
Write what you have learned in this lesson

Scrivi cosa non è chiaro e chiedi spiegazioni.
Write the doubts you have and then ask to your teacher

3   Il tempo libero. Fare, andare e altri verbi irregolari

Italy and London are the only places where I don't feel to exist on sufferance.

E. M. Forster

Verbi irregolari
Nomi delle professioni
Avverbi di frequenza
Giorni della settimana

Domani è sabato 21 giugno, cosa fanno Leo e Maria?

📖 Leggi

Leo: Ciao, Maria. Come stai?

Maria: Bene Leo; sto molto bene. E tu?

Leo: Anch'io sto bene. Senti, cosa fai domani sera?

Maria: Non lo so ancora, perché?

Leo: Perché c'è una festa alla Casa dello Studente. Vuoi venire con me?

Maria: Grazie Leo, è una bella idea! Vengo volentieri. Dove ci vediamo?

Leo: Possiamo incontrarci al bar "Del Centro" alle 8 e poi andare insieme. Che dici?

Maria: Perfetto. Grazie e a domani!

Capito?

Cosa fanno domani sera Leo e Maria?

E tu? Cosa fai stasera?

Cosa fai domani?

Il verbo fare

Il padre di Leo **fa** il medico.

La madre di Maria **fa** l'insegnante.

Maria va in palestra con le sue amiche.

Leo va in piscina la domenica mattina.

Fare e **andare** sono due verbi irregolari

Tu che lavoro fai?

Lui fa il cuoco.

Dove vanno?

Loro vanno al mare.

	Andare	**Dare**	**Fare**	**Stare**
Io	vado	do	faccio	sto
Tu	vai	dai	fai	stai
Lei/lui	va	dà	fa	sta
Noi	andiamo	diamo	facciamo	stiamo
Voi	andate	date	fate	state
Loro	vanno	danno	fanno	stanno

☞   Verbi irregolari molto usati

Dove vai dopo il corso d'italiano?

Corso d'italiano per stranieri

Che lavoro fa tua madre?

Altri verbi irregolari:

	Bere	Dire	Uscire	Venire
Io	bevo	dico	esco	vengo
Tu	bevi	dici	esci	vieni
Lei/lui	beve	dice	esce	viene
Noi	beviamo	diciamo	usciamo	veniamo
Voi	bevete	dite	uscite	venite
Loro	bevono	dicono	escono	vengono

Quanti caffè bevi al giorno?
Esci sempre il sabato sera?

Esercizio 3.1. Inserisci uno dei verbi irregolari:

1. Maria |va| in palestra 2 volte alla settimana.
2. Carlo oggi non | | bene, ha un po' di febbre.
3. I Rossi non | | in vacanza perché sono senza soldi.
4. Io | | l'infermiera all'ospedale di Pisa.
5. I bambini | | troppa confusione.
6. Il treno | | più velocemente dell'autobus.
7. Mia madre non mi | | i soldi per uscire.
8. Sara non | | mai la verità.
9. Ragazzi, | | alla mia festa sabato sera?
10. Maria e Leo | | insieme tutte le sere.
11. Sergio | | troppo vino, fa male.
12. Io oggi non | | a casa tua.
13. Stasera i ragazzi non | | di casa.
14. Quando (noi) | | al ristorante insieme?
15. Perché non | | al cinema stasera?

Esercizio 3.2. Completa il testo coniugando i verbi tra parentesi alla persona giusta

Carla e Sandro (essere) | | amici da molti anni. Loro (fare) |
| tutto insieme:
Loro (lavorare) | | nella stessa ditta, (uscire) | | con gli stessi amici, (frequentare) | | la stessa palestra.
Tutti e due (essere) | | anche grandi appassionati di cinema!

"Lo/a stesso/a" *in italian means "the same"*

Es. La stessa cosa

Lo stesso pensiero

Esercizio 3.3. Completa le frasi scegliendo il verbo giusto tra quelli in parentesi.
Complete the sentences below choosing a verb between
(bevi – sto - *escono* –venite – vado – va – fa – dai – dicono - diamo)

1.   Sara e Marco |*escono*| insieme da più di un anno.
2.   Carla | | alla stazione dei treni in autobus.
3.   Mi | | il tuo numero di telefono, per favore?
4.   Oggi | | meglio, non ho più la febbre.

5.   I ragazzi | | troppe bugie, secondo me.
6.   È vero che il marito di Chiara | | l'avvocato?
7.   Io non | | più in palestra, non ho tempo.
8.   Voi | | alla festa di classe?
9.   Se noi non | | l'acqua alle piante, loro muoiono.
10.   Tu | | il vino o preferisci la birra?

Esercizio 3.4. Rispondi inserendo il verbo alla giusta persona

1.   Venite al cinema stasera? Sì, |*veniamo*| molto volentieri.
2.   A che ora finisci di lavorare? | | alle sei di sera.
3.   Vuoi del latte o del caffè? | | il latte, grazie.
4.   Che fa Giulia il sabato mattina? Di solito | | a casa.
5.   Voi uscite sempre il fine settimana? In realtà noi | | solo il venerdì sera.
6.   Che fate, bambini? | | i compiti, mamma.
7.   Possiamo rimanere a dormire a casa tua? Certo, | | pure.
8.   Che lavoro | | i tuoi zii? Loro | | insegnanti.
9.   Quando esci dall'ufficio? Di solito io | | alle 7.00 in punto.
10.   Preferite il vino o la birra? | | la birra.

Esercizio 3.5. Componi le frasi

Sandro e Luisa	restate	alla festa?
Noi non	vieni	al mare.
La professoressa	vanno	a casa oggi?
Stasera tu	do	in biblioteca.
Ragazzi, voi	va	mai prima delle 8.00.
Io non	sta	i soldi per il regalo.
Mario non	usciamo	spagnoli.
I genitori di Maria	sono	bene oggi.

Nota:

Oggi = questo giorno
Stamani = questa mattina
Stasera = questa sera
Stanotte = questa notte

Scrivi una frase con queste parole:
Write a sentence using these words:

Oggi | |
Stamani | |
Stasera | |
Stanotte | |

Cosa significa? = *What does it mean?*

MAI=
QUASI MAI=
RARAMENTE=
QUALCHE VOLTA = A VOLTE =
SPESSO =
DI SOLITO =
SEMPRE=

Tu fai sport?

Tu giochi a calcio? *Io non gioco mai a calcio*
Giochi a tennis?   *Qualche volta*
Vai in bicicletta?
Vai in palestra?
Vai in piscina?
Balli?
Fai yoga?
Dipingi?
Canti sotto la doccia?
Scrivi agli amici?
Telefoni ai tuoi genitori?

Corso d'italiano per stranieri

Cosa fai di solito nel tempo libero?

Esercizio 3.6. Abbina l'attività alle vignette. Attenzione ci sono 2 disegni in meno.

A (7) B () C () D () E () F ()

1.	Giocano a calcio	2	Giocano a pallavolo			3	Corre	4	Va a cavallo
5.	Pattina	6.	Dipinge	7.	Fa yoga		8.		Nuota
9	Scrive	10.	Recita	11.	Canta		12.		Suonano

La settimana di Carlo

Carlo lavora come professore associato all'Università di Pisa, è sposato con Sandra ed ha una vita molto organizzata.

Tutti i lunedì ha una riunione con i colleghi, il martedì dopo il lavoro va sempre a giocare a tennis, il mercoledì esce con gli amici e vanno al cinema, il giovedì prepara una cena speciale per Sandra, il venerdì insieme vanno a prendere un aperitivo in centro, il sabato mattina vanno a fare la spesa al supermercato e il pomeriggio lavorano a casa.

La domenica, a volte, vanno a pranzo dai loro genitori e, altre volte, a cena a casa di amici.

Cosa fa Carlo **il giovedì** sera?
Cosa fa **la domenica**?
E tu?

Quante volte? Rispondi.

N.B Una volta **a** settimana
Una volta al mese
Due volte all'anno.

Esercizio 3.7. Leggi ancora il testo e scrivi i giorni della settimana

L _ _ _ D _
M _ _ _ _ D _
M _ C _ _ _ _
G _ _ _ _ _
V _ _ _ _ _
S _ _ _ _
D _ _ _ _ _

Traduci

Marco lavora **sempre**

Corso d'italiano per stranieri

Maria **a volte** esce con Leo

Leo e Maria vanno **spesso** in discoteca

Sara **non** mangia **mai** la frutta

Manuela va al cinema **raramente**

Do you know what **ANCHE** *means?*

Esercizio 3.8. Completa la tabella con "anche io" o "io no".

	Anch' io	Io no
Io amo nuotare in piscina	X	
Io vado in palestra tutte le sere		X
Noi corriamo nel parco		
Maria va allo stadio tutte le domenica		
Carlo guarda le partite alla TV		
Io gioco a tennis da 10 anni		
Io dipingo		
Io faccio yoga		

Esercizio 3.9. Rispondi

Cosa fa Mario Balotelli? *Lui gioca a calcio, è un calciatore.*
Cosa fa Roger Federer?
Cosa fa J.K Rowling?
Cosa fa Sebastian Vettel?
Cosa fa Federica Pellegrini?
Cosa fa Gordon Ramsey?
Cosa fa Giorgio Armani?
Cosa fa Fernando Botero?
Cosa fa Gianna Nannini?
Cosa fa Angelina Jolie?

È un calciatore, è un tennista, è una scrittrice, è un pilota, è una nuotatrice,

è un cuoco, è uno stilista, è un pittore, è una cantante, è un'attrice.

Esercizio 3.10 Scegli un verbo un nome e un aggettivo e forma le frasi corrette.

Soggetto	Verbo	Oggetto
Io	vogliamo	la cuoca
Loro	compro	due gelati
Noi	sei	il giornale
Lei	amate	il bus
Tu	prendono	simpatico
Voi	fa	lo sport?

Appendice

Esercizio 3.A
Abbina il mestiere al luogo dove si fa
Match the job with the correct place

Medico	fabbrica
Pizzaiolo	negozio
Insegnante	ospedale
Operaio	ufficio
Commessa/o	pizzeria
Impiegato	banca
Contabile	scuola

Esercizio 3.B
Trova i lavori scritti tra le lettere. Sono 10 in tutto.
Find the names of 10 jobs

AZCBOPKLFATTORECSPLOVIIZOLLOCOMMESSOPSF

TOFALEGNAMECTOPALPOLIZIOTTOPALDMSERTYYI

ARCHITETTOPLIUSTRESARTALOAVVOCATESSADFPE

DFGHOPROFESSORETGHTDOTTOREOERTLAMSOSILI

MECCANICOLAERINSEGNANTENJIOLPSEARTISTALOPI

Scrivi cosa hai imparato in questa lezione
Write what you have learned in this lesson

Scrivi se hai qualche dubbio e poi chiedi spiegazioni
Write the doubts you have and then ask to your teacher

4   I giorni e il tempo. Verbi modali e preposizioni.

We are all pilgrims who seek Italy.

J. W. Goethe

I verbi modali
I giorni della settimana
I mesi
Gli orari dei negozi

📖 **Leggi.**

> Stasera invito Maria e Carla a casa mia.
>
> **Voglio** preparare una bella cena ma **so** che Maria non **può** mangiare i latticini come il formaggio e i dolci perché è intollerante al lattosio e Carla non **deve** mangiare la carne perché è vegetariana. Cosa **posso** cucinare?

Look at the underlined verbs. Do you know what they mean?

Cosa significa "io voglio"?
Cosa significa "lei non può"?
Cosa significa "Carla deve"?
Cosa significa "io posso"?

Sono verbi molto importanti!

I VERBI MODALI

Sono verbi irregolari della 2° coniugazione spesso seguiti da un altro verbo all'infinito

Italian modal verbs, called modali *or* servili, *as in English are used in combination with other verbs at infinitive form.*
Anyway be careful when you use them because in Italian, as normal, their meaning and their behavior can be different from English.

	Volere	**Sapere**	**Dovere**	**Potere**
Io	voglio	so	devo	posso
Tu	vuoi	sai	devi	puoi
Lei/lui	vuole	sa	deve	può
Noi	vogliamo	sappiamo	dobbiamo	possiamo
Voi	volete	sapete	dovete	potete
Loro	vogliono	sanno	devono	possono

Dovere=*must*
Potere = *can*
Sapere= *be able to*
Volere= *want*

Esercizio 4.1. Traduci dall'italiano alla tua lingua

Luis deve studiare italiano =
Scusa, puoi ripetere per favore? =
Noi vogliamo andare in vacanza =
Io so parlare francese =
I cani non possono entrare =
Sara vuole un gelato al cioccolato =
I ragazzi sanno giocare bene a calcio =
Carla stasera deve lavorare =

Esercizio 4.2. Scrivi cosa puoi fare o non fare in questi posti come nell'esempio.

Al ristorante	Al parco	In discoteca	A casa
Puoi *mangiare*	Puoi | |	Puoi | |	Puoi | |
Non puoi *fumare*	Non puoi |	Non puoi |	Non puoi | |

Esercizio 4.3: Inserisci un verbo modale alla persona giusta.

1) Maria, per favore, | *puoi* | aprire la finestra? Fa troppo caldo.

2) Andrea Bocelli è cieco, non | | vedere.

3) Sara | | comprare una casa più grande ma non | | perché non ha abbastanza soldi.

4) I ragazzi | | studiare di più se | | passare l'esame.

5) I bambini | | un gelato al cioccolato.

6) Mio padre è troppo grasso, | | perdere qualche chilo.

7) Il cane non | | uscire di casa.

8) I miei cugini sono molto bravi, | | parlare 3 lingue straniere.

9) Quest'estate io | | fare una bella vacanza.

10) Carla, | | venire al cinema con me? - Mi dispiace, non | | perché lavoro.

Esercizio 4.4. Inserisci il verbo alla persona giusta, scegliendo tra quelli tra parentesi (volere, dovere, finire, preferire, venire, uscire, pulire, fare, andare, rimanere)

1) Venite al concerto stasera? Sì, | *veniamo* | molto volentieri.

2) Quando finisce il film? | | tra 20 minuti.

3) Preferisci restare o andare? | | andare, grazie.

4) Cara, che cosa | | fare stasera?

5) Che fai con l'aspirapolvere? | | la casa.

6) Da quanto tempo voi uscite insieme? Noi | | insieme solo da un mese.

7)   Che fai di bello? | | una torta al cioccolato.
8)   La sera non esco mai, | | sempre a casa.
9)   Dove andate in vacanza? | | in Sicilia.
10) Per dimagrire voi | | mangiare meno.

Preposizioni.

*In Italian **some** prepositions depend on the noun and not on the intention of the verb.*

a casa
a scuola
al mare
al cinema
a teatro
a Roma (città)
in discoteca
in vacanza
in palestra
in piscina
in montagna
in Italia (nazione)
in ufficio

In + nazione In Italia

A + città   A Roma

Preposizioni semplici

DI (of) **A**(to, at) **DA** (from) **IN** (in) **CON** (with) **SU** (with) **PER** (for, to) **TRA / FRA** (among, between)

DI

is used to express possession, origin, material ....

Il libro è di Mario, Io sono di Pisa, Il tavolo è di legno

A

usually we use it before a name of town or city and other places

Vado a Firenze ma vivo a Roma

DA

we use to express a place of origin, the elapsed time of action, with personal names or pronouns to express "at the house of "- "at the business of"

Stasera vado da mia nonna (=vado a casa di mia nonna)

IN

we use in front of names of Nation and other places, before of transport names

Vivo a Pisa, in Toscana, in Italia. Vado a scuola in treno, in bici, in autobus. *But if you walk, you say* :Vado a piedi

---

CON

express company, we use also with transport but with determinative article

Vado al cinema con Maria (in compagnia di Maria)

Vado a scuola con la bicicletta (=vado a scuola in bicicletta)

SU

introduce a topic, and a place

Il film è su Napoleone, il libro è sul (preposizione articolata) tavolo

PER

express a purpose

Per passare l'esame devi studiare molto, questo fiore è per te.

TRA e FRA

indicate an intermediate position, the time that elapses before an action.

Remember: there is no difference in meaning between the two forms, the choice is determined by their sounds

Il salotto è tra/fra la cucina e la camera da letto, il treno parte tra/fra un'ora.

Esercizio 4.5. Inserisci la preposizione giusta.

Corso d'italiano per stranieri

1)   Maria vive |a| Madrid | in | Spagna.
2)   Lucio lavora | | un ufficio contabile.
3)   Sara va | | palestra tre volte alla settimana.
4)   Marcello non va mai | | vacanza.
5)   Gianni e Michele vanno | | discoteca anche stasera.
6)   I bambini amano nuotare | | piscina.
7)   Mia figlia va | | scuola | | autobus.
8)   Leo torna sempre | | casa tardi.
9)   In inverno vado | | vacanza | | montagna.
10)   Sabato sera andiamo | | teatro insieme?
11)   Comincio a lavorare | | 2 ore.
12)   Il regalo è | | mia sorella?
13)   L'anello | | Sara è nuovo.
14)   La mia borsa è | | pelle.
15)   Il libro | | inglese è troppo difficile.

I GIORNI DELLA SETTIMANA

Riscrivi i giorni della settimana
nel giusto ordine

Lunedì	Lunedì
Giovedì	
Martedì	
Sabato	
Domenica	
Mercoledì	
Venerdì	

Ricorda prima dei **giorni della settimana** NON si mette la preposizione

Il lunedì è il giorno della Luna
Il martedì è il giorno di Marte
Il mercoledì è il giorno di Mercurio
Il giovedì è il giorno di Giove
Il venerdì è il giorno di Venere
Il sabato è il giorno del Sabbah (una festa ebraica)
La domenica è il giorno del Signore (festa cristiana)

Prima dei mesi si mette la preposizione **IN**

I mesi dell'anno

gennaio
febbraio
marzo
aprile
maggio
giugno
luglio
agosto
settembre
ottobre
novembre
dicembre

Rispondi

Quando è il tuo compleanno?
Quando è Natale?
Quando è primavera nel tuo paese?
Quando è estate nel tuo paese?

Corso d'italiano per stranieri

Quando è autunno?
Quando è inverno?
Quale stagione preferisci?
Quando è mattina?
Quando è pomeriggio?
Quando è sera?
Cosa mangi di solito a colazione?
Dove vai il sabato sera?
Cosa fai la sera dopo cena?
Sai cucinare?
Cosa prepari per cena?
Sai scrivere una frase in italiano?
Perché vuoi imparare la lingua italiana?

Esercizio 4.6

Inserisci la preposizione corretta

1) Quest'anno Pasqua viene | *in* | marzo.
2) Quella giacca è | | Simone.
3) Vorrei un paio | | jeans nuovi.
4) Questo libro è interessante: è | | guerra.
5) Vengo adesso | |casa.
6) Vado | | Maria.
7) Il treno parte | | Firenze.
8) Il regalo è | | te.
9) Carlo esce ancora | | Michela.

Esercizio 4.7 Ancora verbi, regolari e irregolari. Completa coniugando il verbo tra parentesi.

1) Sandro e Maria (vivere) |*vivono*| a Londra da un anno.
2) Sara (abitare) | | in centro a Milano con sua sorella.

3)   I bambini non (volere) | | mai andare a letto.
4)   Ragazzi, non (potere) | | mangiare in biblioteca.
5)   Io (dovere) | | mangiare meno pasta.
6)   Noi non (sapere) | | dove è la festa di Carlo.
7)   Antonio (fare) | | il calciatore professionista.
8)   Loro non (giocare) | | mai a calcio.
9)   Tu (potere) | | venire a casa mia stasera?
10) Leo e Maria (uscire) | | insieme da un anno.

🕐   **Le ore.**

Che ore sono?
Le ore sono sempre al femminile plurale e quindi generalmente sono precedute dall'articolo **le**, tranne in un caso: **è l'una**. 1.00

Solo con mezzogiorno e mezzanotte non si usa l'articolo: è mezzogiorno (12.00), è mezzanotte (24.00).
Per indicare le ore del pomeriggio è possibile continuare la numerazione dopo

I MINUTI

Corso d'italiano per stranieri

I minuti si indicano dopo l'ora: sono le tre **e** cinque (3.05), sono le nove **e** venti (9.20).
Quando i minuti sono 15 si può dire: sono le nove **e un quarto**(9.15).
Quando i minuti sono 30, si può dire: sono le dieci e mezzo, oppure sono le dieci e mezza.
Quando i minuti arrivano a 40, è possibile dire: sono le cinque e quaranta, oppure indicare quanti minuti mancano all'ora successiva: sono le sei meno venti(5:40).
Esempio: sono le dieci e cinquantacinque oppure sono le undici meno cinque (10:55).
Quando i minuti sono 45 è possibile dire: sono le sei e quarantacinque, oppure sono le sei e tre quarti, oppure sono le sette meno un quarto (6:45).
Quando non ci sono i minuti, per esempio le 13:00, si può dire: è l'una in punto.

Esercizio 4.8 Scrivi che ore sono come nell'esempio.

7.30= *Sono le sette e trenta (e mezza)*
7.15=
10.20=
11.50=
12.30=
13.00=
14.10=
16.40=
23.00=
24.30=

Rispondi.

A che ora fai colazione?
A che ora pranzi?
A che ora ceni?
A che ora vai a letto?

📖 **Leggi**

> I negozi in Italia normalmente aprono alle 9.00 e chiudono alle 13.00 poi riaprono nel pomeriggio alle 16.00 e chiudono alle 20.00. Gli uffici postali e le banche, generalmente aprono solo la mattina dal lunedì al sabato, però alcuni uffici aprono anche il pomeriggio fino alle 16.30. I ristoranti sono aperti dalle 12 alle 15 e poi dalle 19 alle 23, di solito il lunedì o il mercoledì sono chiusi perché è il loro giorno di riposo.

Hai capito? Rispondi alle domande.

A che ora aprono i negozi in Italia il pomeriggio?
Le banche in Italia sono aperte tutto il giorno?
In quali giorni sono aperti gli uffici postali?
I ristoranti a che ora chiudono generalmente?
E nel tuo paese come funziona?

Esercizio 4.9. Sapere o potere?

1)   Io non | *so* | parlare inglese.
2)   In biblioteca noi non | | parlare.
3)   Carla è vegetariana non | | mangiare la carne.
4)   Sandra è cieca, non | | vedere.
5)   I ragazzi non | | l'alfabeto.
6)   I bambini non | | guidare la macchina.
7)   Il professore non | | spiegare perché c'è troppa confusione.
8)   Remo non | | cantare, è stonato.
9)   Adesso noi non | | cantare, tutti dormono.
10)   Domani voi non | | uscire, dovete lavorare.

Esercizio 4.10. Completa i nomi dei mesi. Attenzione non sono in ordine.

_g _i U _g _n _o
_ _ _ _ L _
_ _ O _ _ _
_ _ B _ _ _ _ _
_ _ _ Z _
_ _ N _ _ _ _
L _ _ _ _ _
_ _ T _ _ _ _ _ _
_ _ V _ _ _ _ _
_ T _ _ _ _ _
_ _ C _ _ _ _ _
_ _ G _ _ _

Now you figured out how the verbs are important. Please take your time to study this lesson one more time.

Write some dialogue in you Diary. Use your creativity to create new sentences.

Appendice

Esercizio 4.A

Rispondi alle domande.

1) A che ora aprono i ristoranti in Italia di solito?
2) Dove puoi comprare le sigarette in Italia? ...
3) In che mese è Natale? ...
4) Cosa sa fare un cuoco? ...
5) Quante lingue sai parlare? ...
6) Dove posso comprare le medicine nel tuo paese?
7) Cosa deve fare Maria per dimagrire? ...
8) Cosa sa fare un pianista? ...

Esercizio 4.B: *Completa*

Io corro	*Noi corriamo*
Tu vuoi	Lei ...
Noi studiamo	Voi ...
Noi possiamo	Io ...
Lei deve	Io devo
Lei fa	Noi ...
Tu ascolti	Loro ...

Corso d'italiano per stranieri

Scrivi cosa hai imparato in questa lezione
Write what you have learned in this lesson

Scrivi cosa non è chiaro e chiedi spiegazioni.
Write the doubts you have and then ask to your teacher

5   Lezione. La casa. Aggettivi qualificativi e dimostrativi

*Italy, and the spring and first love all together should
suffice to make the gloomiest person happy.*

Bertrand Russell

La casa e gli oggetti della casa
Esserci
Le parti del corpo
Gli aggettivi dimostrativi

📖 Leggi

La casa moderna.

La casa moderna è differente da quella tradizionale perché il ritmo di vita della famiglia oggi è diverso.

Nella casa moderna lo spazio è importantissimo e per questo l'ingresso non esiste più. Quando si entra c'è subito un salotto (o soggiorno); una stanza grande con divani e poltrone dove si ricevono gli ospiti. Oggi il salotto è il centro della vita della casa.

Anche la stanza da pranzo, nelle case moderne non c'è più: le donne spesso lavorano e non hanno molto tempo per cucinare. Addio lasagne fatte in casa! La cucina, nelle case moderne è naturalmente piccola.

Il pavimento oggi è quasi sempre di marmo, ma nei salotti si trovano spesso tappeti e moquette, mentre nelle camere si trova il parquet perché è caldo e bello. Lo studio ha sempre meno libri ma sempre più computer, ormai molti italiani usano Internet quotidianamente.

Anche da noi le case cambiano!

(il testo è tratto da Roberto Tartaglione, Paese che Vai, Ci.Elle.I,)

Rispondi

Come è lo spazio nelle case moderne?
Dove si ricevono gli ospiti?
Come è la cucina?

Come è il pavimento?
Cosa c'è nello studio?

E la tua casa? Come è? Cosa c'è? Cosa non c'è?

Singolare   Plurale
C'è   –   Ci sono
There is   -   *There are*

Esercizio 5.1 Completa con **c'è** e **ci sono.**

1)   Nelle case oggi |ci sono| molti computer.
2)   In sala | | una TV.
3)   In cucina | | mote sedie.
4)   Nello studio | | 2 piante molto belle.
5)   In salotto | | un grande divano.
6)   In bagno | | una vasca idromassaggio.
7)   In giardino | | alberi da frutta.
8)   Sul tavolo | | i bicchieri.
9)   In frigorifero | | il latte.
10)   In terrazza | | i fiori.

Nelle = in + le

Nello = in+lo

Sul = su+il

La casa

Le stanze di una casa:

cucina   *soggiorno*   *salotto*
sala da pranzo

---

camera da letto   (matrimoniale, singola)

bagno   *studio*

ingresso   *cantina*   *garage*

giardino   *terrazza*   **balcone**

Esercizio 5.2. Rispondi:

Dove mangiamo?
Dove riceviamo gli ospiti?
Dove prepariamo il pranzo o la cena?
Dove dormiamo?
Un luogo aperto della casa?
Dove facciamo la doccia?
Dove entriamo?
Come si chiama il locale sotto la casa dove mettiamo le cose
che non usiamo più?

Esercizio 5.3. Metti le frasi al plurale.

In cucina c'è un frigorifero - *In cucina ci sono due frigoriferi*
In camera c'è un armadio -
Nello studio c'è una scrivania -
In bagno c'è uno specchio -
In soggiorno c'è un tavolo -
In sala c'è un televisore -
In giardino c'è un vaso di fiori -
Sul balcone c'è una poltrona -
In sala c'è un divano -

Rispondi

Come è la tua casa?
È grande o piccola?
È bella o brutta?
È nuova o vecchia?

Italian descriptive adjectives are usually placed after the noun they modify, and with which they agree in gender and number. Most of them finish with –o and the have four forms (maschile e femminile singolare e plurale)

Gli aggettivi

La casa è bel**la** - **Le** case sono bel**le**
Il libro è nuov**o** - **I** libri sono nuov**i**

Although the majority of Italian adjectives have four forms (as in buono, buona, buoni, buone*) there are exceptions. Not all Italian adjectives have a singular form ending in* -o. *There are a number of adjectives that end in* -e. *The singular ending* -e *changes to* -i *in the plural, whether the noun is masculine or feminine.*

grande - intelligente - facile - difficile - dolce - triste - felice - forte ecc....

La casa grande - Le case grandi
Il bambino felice - I bambini felici

Esercizio 5.4 Metti al plurale le seguenti frasi.

Il giardino è piccolo - *I giardini sono piccoli*
Il tavolo è grande -
La cucina è nuova -
Il computer è vecchio -
La finestra è aperta -
La porta è chiusa -
Il divano è nero -
La sedia è bassa -
L'esercizio è facile -
Il problema è difficile -
Il frigorifero è vuoto -
Il bicchiere è pieno -

Come sei tu?

Sei alto/a o basso/a?
Magro/a o grasso/a?
Di che colore sono i tuoi capelli?
E i tuoi occhi?
Come possono essere?

I capelli: biondi, rossi, castani, neri, grigi, bianchi, ricci, ondulati, lisci, corti, lunghi...
Gli occhi: neri, marroni, azzurri, verdi, grigi, grandi, piccoli, a mandorla......

Osserva:

l'occhio – gli occhi
la gamba – le gambe

la mano (femm. sing) - le mani (femm. plur.)
l'orecchio (masch. sing) - le orecchie (femm. plur.)

maschile singolare   femminile plurale

Il dito	Le dita
Il braccio	Le braccia
Il ciglio	Le ciglia
Il labbro	Le labbra
Il ginocchio	Le ginocchia

Rispondi

Cosa usi per scrivere?_____
Per mangiare?_____
Per massaggiare?_____
Per correre?_____
Per guardare?_____

Corso d'italiano per stranieri

Per ascoltare una bella musica?_____

📖 **Leggi**

Alessia ha una famiglia molto grande, è composta dai suoi
genitori e dai suoi 4 fratelli, lei è l'unica figlia femmina.

Tutti dicono che è bellissima perché ha i capelli lunghi, biondi e
ricci mentre i suoi fratelli sono tutti mori.

Forse lei assomiglia a sua nonna, la mamma di sua madre, che è
russa e ha i capelli biondi come Alessia. Suo nonno paterno
invece è napoletano, ha i capelli molto scuri e gli occhi marroni
e così è suo padre e così sono i suoi fratelli.

La sua mamma è l'unica ad avere i capelli rossi.

Hai capito tutto?

Esercizio 5.5 Rispondi.

1.   Come è Alessia?
2.   Come sono i suoi capelli?
3.   Quanti fratelli ha?
4.   Di dov'è suo nonno?
5.   E sua nonna?
6.   Come sono i capelli del padre di Alessia?
7.   Come sono i capelli di sua madre?

Questa bambina è carina?

Aggettivi dimostrativi

> *Italian demonstrative adjectives indicate closeness, or distance in space or time, of beings or objects with respect to the speaker.*

Questo   *if the object is close to the speaker*
Quello   *if it's far from the speaker*

Femminile s.	Femminile p.	Maschile s.	Maschile p.
Questa+consonants Quest'+ vowels	Queste	Questo + cons. Quest'+ vowels	Questi
Quella +conson. Quell'+ vowels	Quelle	Quel consonan Quell'vowels Quello,s+cons, z,gn	Quei Quegli Quegli

Esercizio 5.6 Scrivi il plurale di queste frasi.

1) Questa cucina è piccola per noi. |*Queste cucine sono piccole*|
2) Questo ragazzo è francese. | |
3) Quello studente è italiano? | |
4) Quel bicchiere è tuo? | |
5) Questa sedia è libera? | |
6) Questo posto è occupato? | |
7) Quel lavoro è semplice. | |
8) Quell'armadio è troppo grande. | |
9) Quella ragazza è con voi? | |
10) Quel bambino è simpatico. | |

Esercizio 5.7 Completa le frasi inserendo un aggettivo di quelli nel riquadro

moderna	caro	pulita	intelligente
profumati	alti	comodo	ricca

1) Il divano in sala è molto | *comodo*|
2) La cucina di Sara è | |
3) I fiori sul balcone sono | |
4) Quest'appartamento è troppo| | per noi.
5) La famiglia Rossi è | |; ha 5 case.
6) Quella bambina è veramente | |
7) Questa città è | |
8) Quei ragazzi sono molto | |

Esercizio 5.8 Forma tre frasi utilizzando le parole nel riquadro.

molta	quella	giardino	è		
hanno	questi	molto	piccola	fame	troppo
casa	ragazzi	quel	è	verde	

Quella _____

_____ hanno _____

_____ molto _____

Esercizio 5.9 Leggi e coniuga i verbi tra parentesi.

Leo: Ciao Maria, cosa (fare) | fai | qui?
Maria: Ciao Leo, (cercare) | | casa. Oggi (visitare) | | una camera in **questa** zona.
Leo: (Andare) | | a vivere con altri studenti?
Maria: Sì, certo. (Volere) | | condividere un appartamento.
Leo: Senti, io (conoscere) | | dei ragazzi che cercano una coinquilina.
Maria: Davvero? E dove (essere) | | la loro casa?
Leo: È in periferia ma non troppo lontano dal centro.
Maria: (Sapere) | | se c'è anche il giardino?

Leo: Sì, **quella** casa (avere) | | un giardino bellissimo.
Maria: Wow, quando (potere) | | andare a vederla?

Domande di comprensione: vero o falso?

1) Maria cerca una casa. *Vero*
2) Maria cerca un appartamento con altri studenti.
3) Leo ha una appartamento per lei.
4) Leo conosce dei ragazzi che hanno una camera libera.
5) La casa che propone Leo è in centro.
6) La casa che propone Leo non ha il giardino.
7) Maria vuole una casa con giardino.
8) Maria vuole vedere la casa che propone Leo.

Esercizio 5.10 Forma delle frasi come nell'esempio usando **c'è** (singolare) e **ci sono** (plurale).

*A Pisa **c'è** una torre famosa*

A Pisa		la costiera amalfitana
A Roma		molti limoni e molte arance
A Firenze		la città di Torino
A Verona	c'è	i Fori Imperiali
In Calabria	ci sono	molti ponti e canali
In Sicilia		il Ponte Vecchio
In Campania		una torre famosa
In Piemonte		la famosa Arena
A Venezia		le Cinque terre
In Liguria		i Bronzi di Riace

Adjectives are important to describe objects and persons. Take the dictionary and write in your diary some sentences to describe your family, your friends, your house and your town.

Appendice

Esercizio 5.A
Descrivi la casa nella foto

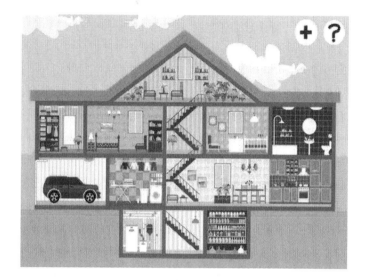

1) C'è ....
2) Ci sono ....
3)
4)
5)
6)
7)
8)

Esercizio 5.B
Descrivi Maria

1) Maria è alta
2) …
3) …
4) …
5) …
6) …
7) …
8) …

Corso d'italiano per stranieri

Scrivi cosa hai imparato in questa lezione
Write what you have learned in this lesson

Scrivi se hai qualche dubbio e poi chiedi spiegazioni
Write the doubts you have and then ask to your teacher

6   Le passioni. Il verbo piacere e le preposizioni articolate

Non si vive in un paese, si vive in una lingua.

EM Cioran

Dire cosa ti piace
Il verbo piacere
Le preposizioni articolate
I negozi

Corso d'italiano per stranieri

Ami il cinema?
Ti piace il cinema?

	mi piace/ mi piacciono molto	mi piace/ mi piacciono abbastanza	non mi piace/ non mi piacciono
Fare sport	*Mi piace molto*		
Guardare lo sport in tv			
Cucinare			
Ascoltare musica			
Suonare			
I libri			
Dipingere			
I dolci			
Incontrare gli amici			
Invitare gli amici a casa			
Organizzare feste			
Fare shopping			

Corso d'italiano per stranieri

Leggere			
Passeggiare			
Gli animali			
I fiori			

Mi piace la cioccolata = la cioccolata piace **a me**
Mi piacciono gli animali = gli animali piacciono **a me**
Agli italiani il gelato piace molto.
E **a te**?
Ti piace il gelato? Sì, mi piace il gelato.

N:B
*In English you say "I like cooking", "She likes sport" in Italian
is "Skiing pleases me" or "Sport please her". The subject (the
activity or the object) is pleasing to someone (indirect object).*

Sciare piace **a me**
Lo sport piace **a lei**

Esercizio 6.1 Rispondi alle domande.

1. A tua madre piacciono i fiori? *Sì, **a lei** piacciono.*
2. A tuo figlio piace lo sport?
3. A tua sorella piace viaggiare?
4. A tuo fratello piacciono le vacanze?
5. Ti piace nuotare?
6. Ti piace ballare?
7. Ai tuoi amici piace il vino rosso?
8. Ai tuoi figli piace la scuola?
9. Agli americani piace la pasta?
10. Ti piacciono le lasagne?

Corso d'italiano per stranieri

Esercizio 6.2 Scrivi 5 cose che ti piacciono e 5 cose che non ti piacciono.

Mi piace	Non mi piace
Mi piace viaggiare	*Non mi piace ...*
-	-
-	-
-	-
-	-
-	-

Traduci queste frasi:

Mi piace andare al mare =
Non mi piace fare sport =
Mi piacciono gli animali =
A lei piace la frutta =
A lui piacciono i dolci =

📖　**Leggi**

Carla ama molto la campagna e così ogni domenica prende la macchina, va fuori città e fa delle lunghe passeggiate insieme al suo cane Fido. **Le** piace guardare gli alberi e i fiori, ascoltare gli uccellini e soprattutto il silenzio.

A lei, infatti, non piace la confusione e non **le** piacciono i luoghi molto affollati.

Le piace = a lei piace
Gli piace = a lui piace

There are various ways to show the indirect object (the person who something is pleasing).

A Carla piace la campagna.
A lei piace la campagna
Le piace la campagna.

Rispondi

Dove va Carla la domenica?
Con chi?
Perché?
A te piace la campagna?

Esercizio 6.3 Termina le frasi

Carla va in campagna perché…
Il suo cane si chiama …
Lei ascolta…
Non le piace…
Non le piacciono…

Mi = a me
Le = a lei
Gli = a lui

Sono pronomi indiretti. *We will see them later.*

Morire non mi piace per niente.
È l'ultima cosa che farò.
Roberto Benigni

Forma dei dialoghi come il seguente. *Choose the answer positive* (anche a me) *or negative* (a me no).

A: Mi piace questa pizza, è molto buona!
B: A me non piace. / Anche a me piace molto.

Mi piace/mi piacciono	**Anche a me**	**A me no**
-Il caffè italiano	X	
-I film di Paolo Sorrentino		
-Il vino rosso		
-Il calcio italiano		
-La formula uno		
-Il ciclismo		
-I fiori		
-Viaggiare		

-La musica rock		
-Visitare i musei		
-I gatti		
-Dormire sul divano		
-Cantare sotto la doccia		
-Correre nei parchi		
-I dolci		

📖 **Leggi**

Leo: Ciao Maria, vuoi venire a cena con me stasera?
Maria: Sì, Leo, molto volentieri. Dove andiamo?
Leo: Cosa preferisci mangiare? Ti piace la cucina giapponese?
Maria: Leo, sono in Italia per pochi mesi. **Vorrei** andare a cena in un buon ristorante italiano.
Leo: Va bene, allora andiamo in un'osteria che conosco e dove il cibo è davvero buono.
Maria: Benissimo, ci sto.
Leo: Ci vediamo alle 8:00 in Piazza Garibaldi, d'accordo?
Maria: D'accordo, a dopo!

Vorrei *is a polite way to say* "Io voglio".

Vorrei delle mele = *I would like some apples*
Vorrei una pizza. Vorrei un caffè.

Delle = di + le
Del = di + il

CI STO = *it's ok for me*

Le preposizioni articolate, sono preposizioni semplici seguite da un nome preceduto dall' **articolo determinativo**. In questo caso la preposizione semplice si unisce all'articolo con il quale forma un'unica parola, che prende il nome di "preposizione articolata".

☞ **Le preposizioni semplici**

di	a	Da	in	su	per	Con	tra/fra
of, from	*to, at, in*	*from, since, of*	*in*	*on*	*for, to*	*With*	*between, among*

The above translation is only an indication to help you. Remember that every language uses preposition differently. Look:

To go to Italy	andare **IN** Italia
To go to Rome	andare **A** Roma
To go to Gino's	andare **DA** Gino

Before the name of person : DA

Vado da Maria
Vado da mia madre
Vado dal dottore
Vado all'ospedale

Le preposizioni articolate

Alcune preposizioni semplici quando incontrano un articolo determinativo si uniscono a lui e formano una sola parola. Guarda la tabella:

	Su	Di	Da	A	In
Il	sul	del	dal	Al	nel
Lo	sullo	dello	dallo	Allo	nello
l'	sull'	dell'	dall'	all'	nell'
I	sui	dei	dai	Ai	nei
Gli	sugli	degli	dagli	agli	negli
La	sulla	della	dalla	Alla	nella
Le	sulle	delle	dalle	Alle	nelle

Esercizio 6.4 Inserisci la preposizione semplice o articolata adatta.

1) Domani vado |*al*| cinema.
2) Metti la giacca | | armadio, per favore.
3) Il fruttivendolo ha | | mele buonissime.
4) Sara domani parte | | Parigi.
5) | | amici di Carlo non piace il calcio. Incredibile!
6) La fermata si trova | | altra parte della strada.
7) Stasera andiamo | | ristorante?
8) Oggi pomeriggio devo andare | | dentista.
9) Ci vediamo domani | | otto in punto.
10) Voglio andare a vivere | | Stati Uniti.

The preposition of + definite article is also used as partitive article to indicate an unspecified amount. It means-some.

In cortile ci sono degli studenti = *Some students are in the yard.*

Esercizio 6.5 Inserisci la preposizione articolata adatta per indicare una quantità.

1)   Vorrei *del* caffè.
2)   Vorrei | | pane.
3)   Vorrei | | formaggio.
4)   Vorrei | | frutta.
5)   Vorrei | | acqua.
6)   Vorrei | | latte.
7)   Vorrei | | dolci.
8)   Vorrei | |caramelle.

Dal fruttivendolo

Maria: Buongiorno, vorrei delle mele per favore.
Commesso: Quante, signorina?
Maria: Un paio di chili.
Commesso: Ecco qua. Altro?
Maria: Sì, anche delle fragole se ci sono.
Commesso: Eccole. Vanno bene queste?
Maria: Benissimo, grazie. Quant'è?
Commesso: Sono 5 euro in tutto.

Corso d'italiano per stranieri

Maria: Grazie e arrivederci.
Commesso: A presto.

Esercizio 6.6 Completa la tabella

I ragazzi	vanno		cinema
	parto	per	Milano
Sara		negli	Stati Uniti
Leo	è	di	
Maria	esce		Leo
Noi		a	Cena
Voi	venite		noi?
Loro	nuotano		piscina.

I negozi

Che negozio è? Cosa vendono?

 Negozio di animali

Negozio di giocattoli

Negozio di abbigliamento

Esercizio 6.7 Rispondi:

1)   Dove compri le sigarette? *Dal tabaccaio / In tabaccheria*
2)   Dove compri il giornale?
3)   Dove compri il pane?
4)   Dove il compri il gelato?
5)   Dove compri le medicine?
6)   Dove compri i francobolli?
7)   Dove compri la carne?
8)   Dove compri il pesce?

Da+persona
In+negozio

📖 **Leggi**

Marco è uno studente di medicina, studia all'Università di Milano ma è di Firenze. Adesso abita con 2 ragazzi di Roma: Mario e Bruno, anche loro sono studenti. Nella via dove abitano ci sono molti negozi; c'è una pescheria, una panetteria e una gelateria che di sera è molto affollata.

I tre sono molto amici e tutti i venerdì e i sabato sera escono insieme.

Normalmente vanno in pizzeria a cenare e poi a bere qualcosa in qualche birreria del centro. Tutti e tre amano molto il calcio. Ma c'è un problema: Marco tifa per la Fiorentina, Mario per la Roma e Bruno per la Juventus. Ogni domenica in casa c'è una piccola battaglia!

Rispondi

Di dove è Marco?
Cosa studia?
Con chi abita adesso?
Cosa fa il fine settimana?
Per quale squadra tifa?
E tu? Per quale squadra tifi?

Io amo = mi piace

Io amo la musica classica = mi piace la musica classica
E tu?
Ami la musica?
Preferisci la musica classica o quella leggera?

Tu ami il ciclismo? Ti piace il ciclismo?
Ami la musica rock?
Ami la letteratura americana?
Il gelato?
Ami la pallacanestro?

Completa:

Maria: Ciao Leo, vado al cinema. Vieni con me?
Leo: Cosa vai a vedere?
Maria. Un bel film d'avventura.
Leo: Non mi | | i film di avventura. Non c'è altro?
Maria: Sì, al cinema d'essai danno i "Cento passi" di Giordana.
Lo vuoi vedere?
Leo: Certo, mi | | molto quel film. Vengo volentieri con te.
Maria: Andiamo allora, comincia tra venti minuti.

Rispondi:

1) Dove va Maria?
2) Che tipo di film non piacciono a Leo?
3) Cosa decidono di vedere?
4) Fra quanto tempo inizia il film?
5) In che tipo di cinema decidono di andare?

Esercizio 6.8 Inserisci la preposizione giusta

1.   La lavastoviglie è |*in*| cucina.
2.   Io vado | | piscina una volta a settimana.
3.   Il vino è | | tavolo.
4.   Io non vado mai | | mare.
5.   Il gatto è | | giardino.
6.   Io vado raramente | | cinema.
7.   Domani vado | | Roma.
8.   La settimana prossima vado | | Germania.

Corso d'italiano per stranieri

9.   Io vivo | | Londra.
10.   Mario vive | | Spagna.

Ti ricordi la coniugazione dei verbi irregolari?

Esercizio 6.9 Completa la coniugazione dei seguenti verbi

	Fare	**Sapere**	**Uscire**	**Volere**
Io	faccio			
Tu				
Lei/lui		sa		
Noi			usciamo	
Voi				
Loro				vogliono

Esercizio 6.10 Termina le frasi come preferisci:

Maria non mangia gli spaghetti perché |*non le piacciono*|
Sara non vuole andare in bicicletta perché | |
Sandro non vuole andare al cinema perché | |
Carla non vuole cucinare perché | |
Mario non usa le macchine perché | |
I miei amici giocano a calcio perché | |
Io voglio un giardino perché | |
Carlo cucina molto bene perché | |

Remember: to say you like something, you just say 'mi piace' *and if what you like is plural, such as when you are expressing general 'likes', you say* 'mi piacciono' *plus, of course, the things you like.*

Appendice

Esercizio 6.A
Rispondi alle domande.

1) Cosa piace ai bambini?
   Ai bambini piace il gelato.
2) Cosa piace al cane?

   _____

3) Chi piace a Maria?

   _____

4) Agli italiani piacciono i dolci?

   _____

5) A te piace andare in vacanza?

   _____

6) Ai tuoi piacciono gli animali?

   _____

Esercizio 6.B
Inserisci le preposizioni dove mancano.

Filastrocca *per* Susanna,
le piace il latte ___ la panna,
le piace lo zucchero __ caffè
tale quale *a* me.
Le piace andare __ bicicletta:
se va piano non va __ fretta;
se va __ fretta pare un gattino,
non le manca che il codino
se lo porta sempre *in* testa
___ due nastri ___ far festa
                    Gianni Rodari

Scrivi cosa hai imparato in questa lezione
Write what you have learned in this lesson

Scrivi cosa non è chiaro e chiedi spiegazioni.
Write the doubts you have and then ask to your teacher

7   La giornata tipo. I verbi riflessivi e gli indefiniti

*Tutti i popoli della terra ascoltano con piacere l'italiano,
ma nessuno lo scrive, nessuno è andato a tirarlo fuori dai
suoi deliziosi domini geografici.*

Pedro Felipe Monlau

A parlare di cosa fai durante il giorno
Prenotare una camera in hotel
I verbi riflessivi
Gli aggettivi dimostrativi e indefiniti

📖   **Leggi.** La giornata di Mario.

Mario <u>si alza</u> sempre molto presto, più o meno alle 6:00, fa una colazione leggera, <u>si fa</u> una doccia, <u>si veste</u> e alle 7:00 esce per andare a lavorare.

Arriva al lavoro poco prima delle 8:00, di solito trova anche il tempo per bere un caffè al bar dell'angolo con i suoi colleghi e poi lavora **fino alle** 13:00.

Durante la pausa pranzo, resta in ufficio, prende un panino al bar e lo mangia alla scrivania.

Alle 14:00 ricomincia a lavorare e alle 17:00 finisce. Riprende la macchina e arriva a casa verso le 18:00. A volte, generalmente il mercoledì e il venerdì, va a giocare a tennis con il suo amico Francesco, gli altri giorni vanno a prendere un aperitivo. Alle 20:00 torna casa, cena e poi alle 23:00 circa va a letto.

Rispondi

A che ora si alza Mario?
A che ora arriva al lavoro?
A che ora fa la pausa pranzo?
A che ora finisce di lavorare?
Quando va a giocare a tennis?
A che ora va a letto di solito?

<u>Di solito = generalmente = normalmente</u>

I verbi riflessivi

*Di solito la mattina mi sveglio alle 7, mi alzo poi faccio
colazione con un caffè e qualche biscotto. Vado in bagno, mi
lavo e mi vesto e alle 8 esco di casa.*
Reflexives verbs are underlined.
Here you have a list of the most common:

ALZARSI
ASCIUGARSI
LAVARSI
METTERSI
PETTINARSI
RADERSI (FARSI LA BARBA)
SPECCHIARSI
SVEGLIARSI
TRUCCARSI
VESTIRSI

Lavarsi

Io	MI	Lavo
Tu	TI	Lavi
Lei/lui	SI	Lava
Noi	CI	laviamo
Voi	VI	lavate
Loro	SI	lavano

MI-TI-SI-CI-VI-SI *are reflexives pronouns*

Esercizio 7.1 Abbina le frasi alle vignette.

1. Leo si sveglia
2. Leo si alza
3. Leo si lava
4. Leo si pettina
5. Leo si rade
6. Leo si veste

1. ___ 2. ___ 3. ___ 4. ___ 5. ___ 6. ___

Esercizio 7.2 Completa con i pronomi riflessivi, come nell'esempio:

1)   Tutte le mattine noi |ci| svegliamo alle 6.
2)   Questa sera vado a teatro: | | trucco e | | metto un vestito elegante.

3)   Quella ragazza | | chiama Chiara.
4)   Come | | mascherano Luisa e Gabriella per Carnevale?
5)   È vero che | | trasferisci a Brescia il mese prossimo?
6)   I bambini non | | lavano mai le mani.
7)   Lucia non ha i capelli in ordine. Perché non | | pettina?
8)   Carlo ha sempre la barba lunga, non | | rade mai.

Esercizio 7.3 Completa con la forma corretta del riflessivo.

1)   A che ora (alzarsi) |si alza| Anna? Di solito (lei alzarsi) |
| alle 7.00.
2)   Il signor Giovanni (svegliarsi) | | presto.
3)   Alle 7.05 vado in bagno (farsi la doccia) | | e (lavarsi i denti) | |.
4)   Il papà (farsi) | | la barba e (pettinarsi) | |.
5)   Prima di uscire (noi - vestirsi) | | e (noi - mettersi) | | le scarpe.
6)   Gianni non (pettinarsi) | | mai.
7)   Sara | | (truccarsi) troppo ultimamente.
8)   I bambini (mascherarsi) | | volentieri.

Esercizio 7.4 Scrivi la tua giornata tipo.

Io mi alzo alle ....

Cosa ami mangiare?
Ti piace di più la carne o il pesce?
Cosa sai cucinare?
Quali ingredienti usi di più in cucina?
Generalmente cosa mangi di primo?
E di secondo?
Ami i dolci?
Bevi sempre il caffè dopo i pasti?

Corso d'italiano per stranieri

📖 **Leggi.**

Leo e Maria sono a cena all'osteria "Da Gino".
Inserisci le parole che mancano, scegliendo tra quelle di seguito.

> buongiorno – preferiamo - desiderate - bere - pesce – vogliamo
> - secondo - ordinare – dolce

Cameriere: Buongiorno.
Leo e Maria: | |.
Cameriere: Cosa | | mangiare?
Leo: | | ordinare due primi. Cosa avete?
Cameriere: Abbiamo spaghetti **al** pomodoro, penne **al** pesto e
tortellini **al** ragù.
Maria: Ehm, per me, penne **al** pesto. E per te Leo?
Leo: Io prendo i tortellini.
Maria: Di | |? Cosa avete?
Cameriere: Preferite carne o | |?
Maria: | | la carne.
Cameriere: Abbiamo vitello **al** latte, cotolette **alla** milanese,
maiale **al** forno e pollo **ai** peperoni. Oppure una bella bistecca **ai**
ferri.
Leo: Io vorrei la bistecca.
Maria: Allora ci porti una porzione di maiale **al** forno e una
bistecca ben cotta, per favore.
Cameriere: Desiderate anche il **contorno**?
Maria: Sì, **delle** patatine fritte.
Leo: E io un'insalata mista.
Cameriere: Che cosa vi porto da | |?
Leo: Maria tu lo bevi un po' **di** vino?
Maria: Certo!
Leo: Allora ci porti una bottiglia **di** acqua naturale e mezzo litro
di vino rosso della casa.
Cameriere: Bene, volete ordinare anche un | |?
Maria: No, non adesso. Forse **alla** fine **del** pranzo, grazie.
Cameriere: Grazie a Voi.

Adesso tocca a te, rispondi:

Quali piatti tipici italiani conosci?
Quali preferisci?
Di solito ordini il caffè a fine pasto?
Sai dire cosa è un *contorno*?

NB: Penne AL pomodoro

Spaghetti AL pesto

Risotto AI funghi.

AL e AI = preposizione articolate a+ art. determinativo.

📖 **Leggi:**

Maria vuole andare 2 giorni a Mantova e prenota una camera all'Hotel *"Bella Vista"*

Receptionist: Pronto Hotel "Bella Mantova", desidera?
Maria: Buongiorno, vorrei sapere se avete una camera singola libera?
Receptionist: Un attimo prego. Sì, una è ancora libera. Per quante notti vuole prenotare?
Maria: Due notti, questa e la prossima.
Receptionist: Benissimo. A che nome scusi?
Maria: Maria Ribeiro. R come Roma, I come Imola, B come Bologna, E come Empoli, I come Imola, R come Roma, O come Otranto.
Receptionist: Ribeiro. Perfetto, grazie.
Maria: Quanto costa la camera?
Receptionist: Cinquanta euro a notte, compresa la colazione.
Maria: Bene, la ringrazio. Però ho delle domande …

Adesso tocca a te:

Chiedi se c'è la piscina, a che ora è servita la colazione, se c'è la connessione wi-fi, se è possibile avere il trattamento di mezza pensione, quanto dista dal centro storico e …

Senta, c'è ….?

Camera singola.
Camera matrimoniale. Cosa significa?

Esercizio 7.5 Completa il dialogo con i verbi adatti

Carlo e Sara sono due colleghi e parlano delle prossime ferie (in presente).

Carlo: Ciao Sara.
Sara: Ciao Carlo, come stai? Dove |*vai*| in vacanza?
Carlo: Io e mia moglie | | andare in Sardegna.
Sara: Davvero? È veramente così bella come tutti dicono?

Carlo: Sì, è veramente un posto splendido. Noi vogliamo | |
nel nord ovest dell'isola e | | delle bellissime spiagge. Inoltre
anche il cibo è buonissimo!
<u>Sara:</u> Ah, sì? Cosa | | di speciale?
Carlo: Il formaggio sardo è fantastico e hanno anche dei vini
buonissimi. Ma parlami di te. Dove | |?
<u>Sara:</u> Io purtroppo quest'anno non | |da nessuna parte.

1) E tu? Dove vai in vacanza?
2) Con chi?
3) Quando?

Gli articoli indeterminativi *indefinite articles* (un, uno, un',
una) al plurale diventano:

ALCUNI (maschile plurale)
ALCUNE (femminile plurale)

<u>Io ho alcuni libri</u> = *I have some books*
<u>Io ho alcune borse</u>= *I have some bags*

N.B *We can also use* **QUALCHE** *but when we use it the noun
must be in singular*

Io ho qualche libro
Io ho qualche borsa

Remember also the other form: delle-dei-degli …

Io ho dei libri
Io ho delle borse

Qualche

È un aggettivo, cioè precede sempre un nome, a cui si riferisce e che deve obbligatoriamente essere *al singolare*.

- *Quando vai al supermercato prendi **qualche** scatola di biscotti, per favore.*

Come vedi *qualche* potrebbe essere sostituito da *alcuni/e*:

- *Quando vai al supermercato prendi **alcune** scatole di biscotti, per favore.*

Attenzione: *qualche* col significato di *"un certo numero di"* può essere sostituito con *alcuni/alcune*, ma anche con un *articolo indeterminativo plurale*.

- *Ho letto **dei** libri di Camilleri*

Esercizio 7.6 Metti al plurale le seguenti frasi, come nell'esempio.

Un'amica sincera. *Alcune amiche sincere / Delle amiche sincere/ Qualche amica sincera*

Una serata meravigliosa. | || || |
Un maglione rosso. | || || |
Un albero verde. | || || |
Il giardino fiorito. | || || |
L'informazione sbagliata. | || || |
Lo studente bravo. | || || |
L'amico sincero. | || || |
La lezione difficile. | || || |
Uno sport faticoso. | || || |

Esercizio 7.7 Scrivi 3 aggettivi accanto ai nomi dati:

ristorante	*Buono, caro, elegante*
pranzo	
dieta	

piatto	
alimentazione	
cibo	
trattoria	
osteria	
porzione	
cucina	

Esercizio 7.8 Le azioni nei negozi.

Scrivi vicino al nome del negozio le attività cosa puoi fare.
Come nell'esempio.

In libreria. *Posso leggere, comprare **dei** libri, guardare **alcune** riviste ecc...*

In farmacia – *Posso ...*
In pizzeria

Corso d'italiano per stranieri

In cartoleria
In banca
Al supermercato
Dal fruttivendolo
Al panificio
Dal parrucchiere o barbiere
In gioielleria

Comparison between nouns => più/meno ... di

I comparativi

La gioielleria è più cara del panificio.

Le trattorie sono più economiche dei ristoranti.
La pizza è più buona della verdura.

> Preferisci Venezia o Roma?
> Secondo me Venezia è più bella di Roma.
> Secondo te?

Comparativi:

Quali parole usiamo per fare un confronto?

Comparazione tra due nomi o pronomi

Laura **è più** gentile..............Saverio.

Lui studia **più** .... te.

Parma è..............grande di Roma.

Io ho mangiato **meno** .... te.

Noi siamo (**tanto**) bravi .... loro.

Ferrara è (**così**) piccola .... Perugia.

> **Ti ricordi?**
>
> Questo / Quest' - Questa / Quest'
>
> Questi - Queste
>
> Quello / Quell' - Quella / Quell'
>
> Quei/Quegli – Quelle

Esercizio 7.9 Completa con il dimostrativo "questo, questa, quest', questi, queste".

1. È tua |*questa*| penna?

1. | | pizze sono fredde!
2.   Amo | | ragazzi, sono proprio simpatici!
3.   Quando finisce | | film?
4.   Perché arrivi a | | ora?
5. | | sera non voglio uscire.
6. | | volta vado da solo.
7. | | ragazze sono le amiche di Lea.
8. | | libri sono in promozione.
9. | | piatto è davvero squisito!

Esercizio 7.10 Inserisci quel, quello, quell', quella, quelle, quei, quegli

1. |*Quel*| pomodoro è veramente rosso.
2. La bambina preferisce | | bambola.
3. Mi dai | | libri, per cortesia?
4. | | arancia sembra buona, posso assaggiare?

121

5. Saliamo le scale di | | antico monastero.
6. Saliamo le scale di | | monastero antico.
7. | | casa gialla è molto bella. Di chi è?
8. | | ragazzo è un tuo amico?
9. | | scarpe sono molto care.
10. | | stivali sono molto belli.

Remember that when you search for a reflexive verb in the dictionary you have to look for the infinitive with the reflexive pronoun. So you'll find lavare *as the infinitive of to wash and* lavarsi *as the infinitive of to wash oneself.*

Appendice

Esercizio 7.A
Scrivi i nomi giusti (di cibo o negozi) sotto le colonne

qualche	alcune	alcuni
mela	*mele*	*ristoranti*

Esercizio 7.B
Inserisci i pronomi riflessivi adatti

1) Mario *si* alza alle 7
2) I ragazzi __ lavano le mani
3) Ciao, come __ chiami?
4) Lui non __ maschera per Carnevale.
5) Io __ pettino solo la mattina.
6) La professoressa __ trasferisce domani.
7) __ faccio la doccia e vengo.
8) A che ora __ svegli domani?
9) Noi __ divertiamo molto insieme.
10) Loro __ dimenticano sempre tutto.

Corso d'italiano per stranieri

Scrivi cosa hai imparato in questa lezione
Write what you have learned in this lesson

Scrivi i dubbi che hai e le domande per l'insegnante.
Write the doubts you have and then ask to your teacher

8   Le ultime vacanze. Il passato prossimo

Una lingua diversa è una diversa visione della vita.

Federico Fellini

Raccontare al passato.
Parlare di film.
Passato prossimo dei verbi regolari e irregolari.
Verbi riflessivi al passato.

Ieri Leo si è svegliato tardi, non ha fatto colazione e ha preso l'autobus di corsa. Quando è arrivato a scuola; ha aperto lo zaino e ha trovato una lettera di Maria.

Presente	Passato prossimo
Oggi mi sveglio	Ieri mi sono svegliato
Oggi faccio colazione.	Ieri ho fatto colazione
Oggi arrivo a scuola	Ieri sono arrivato

Notice that verbs in **Passato prossimo** *(present perfect tense), there are two parts to the verb: an auxiliary (either* avere *or* essere *depending on which type of action we are describing) that shows who did the action and a past participle which tells which action is completed.*

Since there are three conjugations in Italian (-are, -ere, -ire *verbs), there are also three endings to form past participles (*-ato, -uto, -ito).

Esercizio 8.1 Scrivi il **participio passato** dei verbi all'infinito:

esempio: suonare > suonato

1. amare > | *amato* |
2. giocare > | |
3. parlare > | |
4. tenere > | |
5. cadere > | |
6. dormire > | |
7. partire > | |
8. sentire > | |

ESSERE o AVERE? This is the question.

Passato prossimo *is made by combining the auxiliary + the past partciple. Verbs fall into two further categories: verbs that take a direct object ("transitive verbs") and verbs that describe motion or states of being and have NO direct object ("intransitive verbs").*

Transitive verbs form the passato prossimo *with* avere + participio passato ⇨ *Ho mangiato un frutto.*

Intransitive verbs use essere+participio passato ⇨ *Sono andato a Roma.*

In addition, reflexive verbs (lavarsi, mettersi, vestirsi, etc.) *always use* essere ⇨ *Mi sono lavato.*

Esercizio 8.2 Verbi con l'ausiliare "avere." Completare le frasi.

1. Ieri tu |*hai*| mangiato molto.
2. Il signor Bruni | | imparato il francese.
3. Ieri noi | | comprato un libro interessante.

127

4. Venerdì scorso voi | | cambiato la macchina?
5. La settimana scorsa Paolo e Marco | | cenato fuori.
6. Io non | | comprato niente al mercato.
7. Sara non | | trovato un albergo economico.
8. L'anno scorso io non | | visto mai Carla.
9. Sara | | fatto* un bellissimo disegno.
10. Noi non | | detto nessuna bugia.

N.B *fatto è un participio regolare o irregolare, secondo te?

Esercizio 8.2 Verbi con l'ausiliare "essere". Inserisci la forma corretta del verbo essere.

1) Maria | è | andata al mare.
2) Io | | arrivata tardi.
3) Carlo | | venuto alla mia festa.
4) I ragazzi | | usciti sabato sera.
5) Mario | | partito presto.
6) Gianni | | tornato in Sardegna.
7) Sandra e Michela | | andate in vacanza insieme.
8) Ragazzi, perché | | arrivati così tardi?
9) I miei genitori non | | andati in vacanza la scorsa estate.
10) Sabato scorso mio figlio | | tornato a casa molto tardi.

With the auxiliary **essere** *the participle changes gender and number*

Carla è andata in vacanza   Le ragazze sono tornate a casa

Carlo è andato in vacanza   I ragazzi sono tornati a casa

> *With the auxiliar* avere *the participle always remains the same*
>
> Carla ha mangiato
>
> Carlo ha mangiato

Il passato prossimo di **avere e essere**

Avere	Essere
Io ho avuto	Io sono stata/o
Tu hai avuto	Tu sei stata/o
Lei/lui ha avuto	Lei/lui è stata/o
Noi abbiamo avuto	Noi siamo state/i
Voi avete avuto	Voi siete state/i
Loro hanno avuto	Loro sono state/i

Esercizio 8.4 Verbi intransitivi. Completare declinando il verbo al passato prossimo e usando l'ausiliare essere.

1. Noi |*siamo tornati*| a casa alle undici. (tornare)
2. Tu, Giuseppe, perché | | in ritardo? (entrare)
3. Cristoforo | | da Genova. (partire)
4. Il ragazzo | | a scuola tardi. (arrivare)
5. Ieri i bambini | | al mare con i nonni. (andare)
6. Stamattina il treno | | puntuale. (partire)

7. L'inverno scorso i miei cugini | | a casa mia. (venire)

8. I miei zii | | per l'America 80 anni fa. (partire)

9. La scorsa settimana voi | | in vacanza? (essere)

10. Ieri Leo non | | andato all'Università!

E tu?
Che cosa hai fatto la scorsa settimana?

Leggi e sottolinea i verbi al passato prossimo

Nanni è un amico di Leo che vive a Roma.

L'anno scorso non **è andato** in vacanza, ha deciso di rimanere a Roma e godersi la città vuota perché in agosto nelle città italiane non rimane quasi nessuno.

Una mattina ha preso la sua vespa e ha girato per i colli romani, ha fatto molte fotografie alle bellissime ville che ci sono in quella zona e ha parlato con qualche persona che è rimasta in città. Poi si è fermato in uno dei pochi bar aperti e ha fatto colazione. Ha preso un cappuccino e un cornetto; ha fatto la tipica colazione italiana.

Dopo è ripartito con la sua vespa ed è andato a fare un bagno ad Ostia.

NB: Non tutti i verbi che hai sottolineato sono regolari, alcuni sono irregolari.

Rispondi

Dove è andato in vacanza Nanni l'anno scorso?

Cosa ha fatto una mattina?

Cosa ha preso per colazione?

E dopo dove è andato?

Cosa ha fatto ad Ostia?

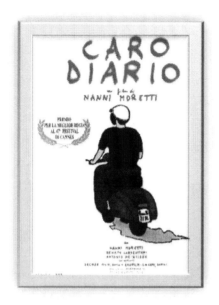

Ad = A
La d si aggiunge prima della vocale.
Ed = E
***Ad* e ed sono forme facoltative**

Scrivi:

E tu? Cosa hai fatto la scorsa estate?
La scorsa estate io ………
Ho fatto ….

Esercizio 8.5 Inserisci l'ausiliare essere o avere

1. Ieri (io) |*ho*| mangiato la pizza.
2. La scorsa settimana Sara | *è* | andata a Roma.
3. Un anno fa Marco | | cambiato lavoro
4. Ieri i bambini | | giocato a calcio.
5. Lo scorso fine settimana mio fratello | | tornato a casa.
6. Stamattina (io) | | bevuto un buon caffè.
7. Ieri Maria | | arrivata tardi al lavoro.
8. Sabato sera (noi) | | andati al cinema.
9. Ragazzi, (voi) | | andati anche voi al cinema?
10. Marco | | dormito poco e ora è stanco.

Alcuni partecipi passati irregolari:

aprire --- APERTO

chiedere --- CHIESTO

chiudere --- CHIUSO

decidere --- DECISO

fare --- FATTO

leggere--- LETTO

mettere --- MESSO

nascere --- NATO

prendere --- PRESO

perdere --- PERSO

rimanere --- RIMASTO

scrivere--- SCRITTO

vedere--- VISTO

vincere --- VINTO

vivere --- VISSUTO

Esercizio 8.6 Completa le frasi come nell'esempio. Scegli fra questi verbi: *letto-andato/a-perso-visto-comprato-guardato-andati/e-offerto-fatto-partito/a.*

Ieri sera ho |*letto*| un bel libro
Non ho mai | | un film di Rossellini.
Sabato scorso sono | | alla festa di Maria.
Gli studenti hanno | | tutti i compiti perfettamente.
Gianna e Michele hanno | | una casa nuova.
Il treno è | | in ritardo.
Sara ha | | il caffè a tutti.
Ieri Mario ha | | la partita in TV.
Sabato scorso siamo | | al concerto di Battiato.
Luigi è arrabbiato perché ha | | il portafoglio.

Ricorda:

I verbi con l'ausiliare avere finiscono sempre in –o

> ➤   *Es. Io ho mangiato. Maria ha studiato. I ragazzi hanno capito.*

I verbi con l'ausiliare essere (davanti ai verbi di movimento e con tutti i verbi riflessivi) possono finire con –a,-o, i, -e a seconda se sono maschili o femminile, singolari o plurali.

> ➤   *Es. Maria è andata. Mario e Gianni sono nati a Firenze. Voi siete arrivati presto.*

Esercizio 8.7 Costruisci delle frasi con:

ieri
la settimana scorsa
l'anno scorso
cinque anni fa
nel 1989

Esercizio 8.8 Metti le frasi al passato.

1.   Oggi Maria va in palestra – *Ieri è andata in palestra*
2.   Leo studia spagnolo – *L'anno scorso Leo …*
3.   I ragazzi mangiano insieme –
4.   Il film comincia alle 8:00 –
5.   Scrivo una email al direttore –
6.   Sara prende il treno delle 10:00 –
7.   Stasera vediamo "La grande bellezza" –
8.   Avete un appuntamento? –
9.   Io faccio il regista cinematografico. –

10. "Nuovo Cinema Paradiso" vince l'Oscar nel 1989. –

I verbi riflessivi

Presente	Passato prossimo
IO MI SVEGLIO	IO **MI** SONO SVEGLIATA/O
TU TI SVEGLI	TU **TI** SEI SVEGLIATA/O
L/L SI SEGLIA	L/L **SI** è SVEGLIATA/O
NOI CI SVEGLIAMO	NOI **CI** SIAMO SVEGLIATE/I
VOI VI SVEGLIATE	VOI **VI** SIETE SVEGLIATE/I
LORO SI SEGLIANO	LORO **SI** SONO SVEGLIATE/I

Al passato voglio SEMPRE l'ausiliare essere

Ieri mi sono alzato alle 6. Mi sono lavato il viso e i denti e sono uscito di corsa.

E tu?
A che ora ti sei alzata/o ieri?
Ti sei pettinata/o?
Ti sei lavata/o?

ATTIVITA'
Da fare in coppia.
Rispondi con (spesso, a volte, raramente, mai):

Tu hai mai mangiato la polenta?
Hai mai toccato un delfino?
Hai mai cavalcato?
Hai mai nuotato nell'oceano?
Hai mai scritto una lettera d'amore?
Hai mai giocato alla lotteria?
Ti sei mai mascherata/o per Carnevale?
Ti sei mai addormentata/o davanti alla TV?
Sei mai stata/o al Polo Nord?
Sei mai andata/o al lavoro a piedi?

Esercizio 8.9 Completa coniugando i verbi tra parentesi al passato prossimo.

Nuovo Cinema Paradiso

Il film inizia a Roma dove Salvatore, un affermato regista, riceve una brutta notizia.

Da quando (lasciare) |*ha lasciato*| Giancaldo, il paesino della Sicilia dove (nascere) | |, Salvatore Di Vita non ci (tornare) | | più; adesso vive a Roma, dove nel frattempo (diventare) | |un famoso regista cinematografico. Un giorno però ha deciso di tornare al paese perché (arrivare) | | la notizia della morte di Alfredo, un suo vecchio amico di Giancaldo, e lui vuole partecipare ai funerali.

Appena Salvatore arriva in Sicilia, ricorda l'infanzia: un periodo di povertà ma anche molto intenso, perché proprio da bambino (cominciare) | |a lavorare nel cinema del paese, unico divertimento per grandi e piccoli.

Ed (essere) | | proprio nel cinema che Salvatore, chiamato da tutti Totò, (conoscere) | | Alfredo, il proiezionista.

Tra loro (nascere) | | subito una grande simpatia e il bambino (diventare) | |in poco tempo il fedele amico e aiutante di Alfredo. Proprio grazie a lui Totò (riuscire) | | a realizzare il suo sogno: vedere le scene di baci appassionati che venivano censurate al pubblico.

Una sera, durante una proiezione, (scoppiare) | |un incendio che (distruggere) | |il cinema e Alfredo (perdere) | |la vista. Fortunatamente, grazie all'intervento di un ricco abitante di Giancaldo il cinema (potere) | |riaprire e il piccolo Totò (diventare) | |il nuovo proiezionista accompagnato dal suo amico Alfredo.

Totò (rimane) | |in paese a lavorare nel cinema per molti anni poi un giorno (innamorarsi) | |di una bella ragazza ma la storia (interrompersi) | |perché la famiglia di lei si è trasferita al Nord. Dopo questa delusione anche Totò (decidere) | |di trasferirsi a Roma dove (diventare) | |un famoso regista. I ricordi finiscono e il film racconta il funerale di Alfredo e il viaggio a casa di Totò che ritorna a Roma con il bel regalo che Alfredo gli (lasciare) | |: le scene dei baci censurate tanti anni prima.

Controlla

Corso d'italiano per stranieri

Hai messo i verbi di movimento e quelli riflessivi con l'ausiliare essere?
Hai visto che molti verbi sono irregolari?

Esercizio 8.10 Domande di comprensione. **Rispondi.**

1) Dove è nato Salvatore di Vita?
2) Dove vive adesso?
3) Perché un giorno ha deciso di tornare a Giancaldo?
4) Quando ha cominciato a lavorare nel cinema?
5) Cosa è successo un giorno nel cinema dove lavorava?
6) Che regalo gli ha lasciato il suo amico Alfredo?

Appendice

Esercizio 8.A
Racconto la mia vita

Mi chiamo …
Fin da piccolo non ho mai mangiato…
La mia passione …
Mi piace fare …
La cosa più bella che ho fatto…
La più brutta …
Non sopporto…

Esercizio 8.B
Finisci di scrivere il participio passato dei verbi all'infinito.

amare	AMATO	prendere	P _ _ S _
andare	A _ _ _ _ O	provare	_ R _ V _ _ O
baciare	B _ _ I _ _ _	ridere	_ I _ O
correre	C _ _ S _	salutare	_ _ L _ T _ _ _

Corso d'italiano per stranieri

dormire	_ _ R _ I _ _	sentire	S _ N _ _ _ _
fare	_ A _ _ O	telefonare	_ _ _ _ _ O _ _ _ O
leggere	L _ _ _ O	udire	_ D _ _ O
mettere	M _ _ _ O	vedere	V _ _ T _
parlare	P _ _ L _ _ _	venire	V E _ _ _ _

Corso d'italiano per stranieri

Scrivi cosa hai imparato in questa lezione

Scrivi se hai qualche dubbio e poi chiedi spiegazioni

9   La mia città. Pronomi diretti e imperfetto

E come si potrebbe non amare Italia? Io credo che ogni uomo abbia due patrie; l'una è la sua personale, più vicina, e l'altra: Italia.

Henryk Sienkiewicz

Descrivere azioni e luoghi nel passato
Imperfetto
Pronomi diretti
Abbigliamento

📖 **Leggi.**

La mia città

Torino è per così dire la mia città d'adozione, anche se io la considero come mia. A Torino infatti sono arrivata quando avevo più o meno tre anni. Qui ho trovato tutto quello che non avevo mai avuto: una famiglia, degli affetti, una casa. Qui sono cresciuta, mi sono sposata, ho avuto i miei figli e sono diventata nonna. Qui sono vissuta e qui vorrei morire.

A quei tempi la città non era così estesa come oggi, a poca distanza si potevano incontrare prati e campi coltivati. Mamma qualche volta mi ci portava. Ricordo specialmente un campo di grano con tanti papaveri rossi che colpivano la mia fantasia di bambina.

A sei anni sono andata ad abitare nei pressi di Porta Palazzo, nella zona storica della città.

Porta Palazzo era allora, oltre che un mercato ortofrutticolo, anche un luogo dove passare le domeniche senza spendere una lira. D'estate vi erano le bancarelle delle angurie, belle e rosse, dove vendevano anche il cocco tagliato a spicchi. In autunno c'erano le bancarelle dell'uva. I venditori chiamavano i clienti a gran voce, decantando la propria merce.

(testo riadattato, tratto da un'opera di Andreina Acquarone)

Comprensione. Rispondi:

Dove **abitava** Andreina quando aveva quattro anni?
Cosa **era** Porta Palazzo?
Cosa **colpiva** la sua fantasia da bambina?
E tu? Cosa **amavi** di più della tua città quando **eri** bambina/o?

Coniugazione dei verbi regolari all'imperfetto.

Verbi in –are	Verbi in –ere	Verbi in –ire
Io mangi**avo**	Io viv**evo**	Io dorm**ivo**
Tu mangi**avi**	Tu viv**evi**	Tu dorm**ivi**
Lei/lui mangi**ava**	Lei/lui viv**eva**	Lei/lui dorm**iva**
Noi mangi**avamo**	Noi viv**evamo**	Noi dorm**ivamo**
Voi mangi**avate**	Voi viv**evate**	Voi dorm**ivate**
Loro mangi**avano**	Loro viv**evano**	Loro dorm**ivano**

L'imperfetto del verbo **essere** è irregolare

Io	**ero**
Tu	**eri**
Lei/lui	**era**
Noi	**eravamo**
Voi	**eravate**
Loro	**erano**

Analisi grammaticale: Analizza l'uso dell'imperfetto e del passato prossimo. Nel testo sottolinea i verbi al passato e cerca di capire quando si usa il passato prossimo e quando l'imperfetto.

Uso dell'imperfetto. Imperfetto significa "non preciso" si usa parlando del passato quando:
-un'azione si ripete
-un'azione non si è conclusa

-si riferisce ad un periodo o ad un'azione non precisi
-per descrivere persone e luoghi

*Is used to describe actions or conditions that lasted an
indefinite time in the past. It's also used to express an habitual
action in the past and to describe time, age, places, persons and
weather in the past.*

Esercizio 9.1 Coniuga il verbo tra parentesi all'imperfetto.

1.   Quando il ministro (andare) |*andava*| in vacanza
(dormire) | | in un albergo di lusso e (spendere) | | molti
soldi.
2.   In Italia io (dormire) | | con le finestre aperte perché
(fare) | | molto caldo.
3.   Mentre Luisa (preparare) | | la cena, suo figlio
(guardare) | | la TV.
4.   Quando il professore (parlare) | | nessuno (stare) | |
mai attento.
5.   Quando io (essere) | | bambina, (bere) | | molto latte.
6.   Prima di sposarsi, Anna e Marco (abitare) | | ancora
con i loro genitori.
7.   Quando i miei figli (essere) | | piccoli, (ascoltare) | | i
miei consigli.
8.   Mio padre quando (lavorare) | | alla Fiat, (tornare) | |
a casa sempre tardi.
9.   Da piccolo, mio figlio (ammalarsi) | | sempre.
10.   In vacanza noi (fare) | | spesso colazione al bar.

Esercizio 9.2 Rispondi a queste domande

Quando eri piccola/o mangiavi molti gelati?
Quando avevi 20 anni cosa facevi il sabato sera?
Durante l'ultima vacanza che hai fatto a che ora ti alzavi la
mattina?

Corso d'italiano per stranieri

Da piccola/o ti piaceva andare a scuola?
Ai tuoi amici piaceva la scuola?
In estate come era il tempo?
Quando avevi 12 anni parlavi italiano?

Uso dell'imperfetto:

Imperfetto significa "non preciso" si usa parlando del passato quando:

-un'azione si ripete – *Prima giocavo a calcio tutte le domeniche*

-un'azione non si è conclusa – *La bambina leggeva*

-un'azione avvenuta in un periodo non preciso- *Da piccolo mangiavo poco*

-per descrivere persone e luoghi – *Mio padre era un buon uomo.*

Verbi con l'imperfetto irregolare:

Bere - bevevo
Dire – dicevo
Essere - ero
Fare - facevo

Esercizio 9.3 Coniuga i verbi all'imperfetto

1.   Quando Maria (essere) |*era*| piccola, (vivere) | | a Napoli.

2. Durante le vacanze io (svegliarsi) | | sempre alle 8.00.
3. Ieri i ragazzi (volere) | | sempre uscire.
4. Cenerentola (avere) | | due sorellastre molto brutte.
5. Ieri sono andata al cinema, il film (essere) | | molto interessante.
6. È vero che tua nonna (avere) | | 10 fratelli?
7. Ieri in classe non (esserci) | | nessuno. Come mai?
8. Alla festa del paese (esserci) | | dei ballerini bravissimi.
9. Il mio primo marito (essere) | | molto bello e (avere) | | molti soldi.
10. Un tempo non mi (piacere) | | le verdure invece adesso le mangio sempre.

Esercizio 9.4 Completa il racconto con i verbi coniugati al presente

> Maria la mattina (uscire) |*esce*| sempre di casa abbastanza presto. (Prendere) | | l'autobus e (andare) | | al lavoro. Prima di salire in ufficio (bere) | | un caffè con i suoi colleghi al bar di sotto poi (comprare) | | il giornale all'edicola. La mattina (avere) | | sempre da fare molte cose, verso l'una lei e la sua collega Sara (fare) | | la pausa pranzo insieme. Alle due (tornare) | | al lavoro e (rimanere) | | in ufficio fino alle 5. Il lunedì e il mercoledì dopo il lavoro (andare) | | in palestra. Alle sette (essere) | | a casa, (prepararsi) | | la cena e dopo (guardare) | | un po' la TV o (leggere) | | un libro.

Esercizio 9.5 Adesso riscrivi la storia di Maria al passato, usando l'imperfetto.

10 anni fa Maria *usciva*.................................

Conosci Torino? No, non *la* conosco.
Vuoi il caffè?
_ Sì, **lo** voglio. Grazie.
146

Corso d'italiano per stranieri

Maria mangia la pizza?
_Sì, **la** mangia.

LO e **LA**, **LI** e **LE** *are direct object pronouns which replace direct object nouns.*
A direct object is the direct recipient of the action of a verb.
I call my son? Whom do I call? My son.
He watches TV. What does he watch? TV.

The nouns son and TV are direct objects. They answer the question what? or whom? Cosa? Chi?

Conosci Mario e Carlo? (Chi?)
Sì, **li** conosco
Li = Mario e Carlo
Vuoi le paste? (Cosa?)
Sì, **le** voglio
Le = le paste

I pronomi diretti

mi
ti
lo, la
ci
vi
li, le

A direct object pronoun is placed immediately before a conjugated verb.

Marisa compra una mela e **la** mangia subito

LA pronome che sostituisce un nome femminile e singolare
LO sostituisce un nome maschile e singolare
LE sostituisce un nome femminile e plurale o due nomi femminili singolari
LI sostituisce un nome maschile plurale o due nomi maschili singolari

Esercizio 9.6 Inserisci il pronome diretto adatto:

1.   Carlo mangia molte caramelle. | *Le* | mangia soprattutto quando guarda la televisione.
2.   Parli italiano? - Sì, | | parlo abbastanza bene.
3.   Se mi dici dove abiti, | | accompagno io a casa.
4.   Maria e Simona sono molto simpatiche, | | invito alla mia festa di compleanno.
5.   Silvia ha comprato degli stivali nuovi e | | mette stasera.
6.   Dobbiamo correre all'aeroporto. L'aereo non | | aspetta, tra 2 ore esatte parte, con o senza noi.
7.   Sig. Rossi, mi conosce? Sì, certo | | conosco: Lei è un amico di mio figlio.
8.   Queste lezioni sono molto interessanti, ma non | | studia nessuno.

Esercizio 9.7 Completa il dialogo con la forma corretta del verbo volere e i pronomi adatti.

Cliente: Buongiorno, | *vorrei* |un paio di jeans.*
Commessa. Di che colore| || |?
Cliente: | || | neri.
Commessa: Ecco a lei.
Cliente: Bene. | | pagare con un assegno. E' possibile?
Commessa: No, mi dispiace non si accettano assegni.

- Vorrei = *I would like*

L'abbigliamento

la gonna — i pantaloni — il maglione — la maglietta — il pigiama

le scarpe — le calze — la camicia — la camicetta — le mutande

la giacchetta — il vestito — i jeans — il pullover — la canottiera

la giacca a vento — il cappotto — la cravatta

Esercizio 9.8 Inventa:

Scrivi un dialogo in un negozio di abbigliamento

Maglia	maglione	maglietta	pantaloni
scarpe tuta	gonna	vestito	calzini cravatta
camicia	giacca stivali	cappotto	borsa
minigonna	sandali	scarpe a tennis	

Commesso: Buongiorno.
Tu:
Commesso:
Tu:
Commesso:

Corso d'italiano per stranieri

Tu:
Commesso:
Tu: Quanto costa?
Commesso:
Tu:

Esercizio 9.9 Ricostruisci le domande e le risposte, come nell'esempio.
I preparativi per il matrimonio.

1a) Tu/ spedire/ inviti   Tu spedisci *gli inviti?*
1b) No/ mia sorella   *No, **li** spedisce mia sorella* <u>Li= gli inviti</u>
<u>(pronome diretto maschile plurale)</u>
2a) Tua madre/comprare/ vestito della sposa
2b) No/ mia sorella
3a) Voi/invitare/Giulio
3b) Sì
4a) Voi/prenotare/chiesa
4b) No/prenotare/sorella
5a) Tu/preparare/festa
5b) Sì

Al passato prossimo

Hai comprato il vestito?
Sì, *l'ho* (**lo** ho) comprat**o**.
Hai prenotato la sala?
Sì, *l'ho* (**la** ho) prenotat**a**.
Hai spedito gli inviti?
Sì, *li ho* spedit**i**.

Hai preso le rose?
Sì, *le ho* pres**e**.

N:B *the past participle of the acting verb <u>must agree in gender</u> <u>and number </u>with the direct object pronoun preceding the verb <u>avere</u>.*

150

Es. Hai visto i ragazzi? Sì, **li** ho vist**i**
Hai cambiato la macchina? Sì, l(a)'ho cambia**ta**

Esercizio 9.10 Inserisci il pronome giusto e concorda il participio.

1.   Hai visitato gli Uffizi? No, non | *li* | ho ancora visitat|*i* |
2.   Hai ascoltato l'ultima canzone di Franco Battiato? Sì, | |
ho ascoltat | | ieri alla radio.
3.   Hai conosciuto i fratelli di Maria? No, non | | ho mai
conosciut| |
4.   Dove avete mangiato la pizza ieri? | | abbiamo mangiat| |
da "Gino".
5.   Dove hai comprato quelle scarpe? | | ho comprat| | a
Firenze. Ti piacciono?
6.   Hai sviluppato le foto delle vacanze? No, non | | ho
ancora sviluppat| |
7.   Dove hai preso la nave per l'Elba? | | ho pres| | a
Livorno.
8.   Hai bevuto tutta la birra? Sì, | | ho finit| |

Appendice

Esercizio 9.A *Scrivi il passato prossimo e l'imperfetto di ciascun verbo, alla stessa persona del presente:*

1) vediamo *abbiamo visto vedevamo*
2) capisco
3) ti alzi
4) siamo
5) viaggiate
6) ci sediamo
7) bevono
8) corre

Esercizio 9.B *Completa il testo declinando i verbi tra parentesi al presente, passato prossimo o imperfetto.*

Lo scorso fine settimana finalmente, dopo tanto tempo che lo (dire) *dicevo*, sono andata a Roma con mio marito ed (essere) è stato un viaggio splendido!
(Arrivare) _____ alla stazione Termini la mattina prima di mezzogiorno e subito (prendere) _____ la metropolitana per raggiungere il nostro B&B che (trovarsi) _____ nel quartiere di San Giovanni. La proprietaria del posto (essere) _____ una donna molto simpatica e tutte le mattine (preparare) _____ una colazione abbondante e (passare) _____ un po' di tempo con noi per fare due chiacchiere. In questo modo (avere) _____ l'occasione di praticare il mio italiano e anche di chiedere qualche informazione sui monumenti principali da visitare visto che (avere) _____ solo 2 giorni e per una città come Roma (essere) _____ davvero pochi.
Il primo giorno (andare) _____ a visitare il Vaticano ed (essere) _____ un'esperienza indimenticabile. (Avere)

_____ una guida molto preparata e gentile che ci (spiegare)
_____ tutti i dettagli della Cappella Sistina con molto
entusiasmo e io sarei voluta restare lì per qualche ora.
Il secondo giorno (passeggiare) _____ per il centro e
(fermarsi) _____ a mangiare in una piccola trattoria
molto caratteristica. Io (ordinare) _____ la pasta alla
carbonara mentre mio marito (prendere) _____ l'abbacchio
alla romana. (Essere) _____ tutto molto saporito e molto buono.
La sera (tornare) _____ al nostro B&B molto tardi
perché (essere) _____ il 1 maggio e in piazza San Giovanni
(esserci) _____ un grande concerto con molti giovani
che (fare) _____una gran confusione. Il giorno seguente
purtroppo (dovere) _____ ripartire, però come già (dire)
_____ Roma (essere) _____ una bellissima città e
non vedo l'ora di tornarci e rimanerci almeno una settimana!

Participi passati irregolari

aprire	aperto	nascere	nato
bere	bevuto	offrire	offerto
chiedere	chiesto	perdere	perso
chiudere	chiuso	prendere	preso
coprire	coperto	rompere	rotto
correre	corso	scegliere	scelto
cuocere	cotto	scrivere	scritto
decidere	deciso	spendere	speso
dire	detto	soffrire	sofferto
essere	stato	vedere	visto
fare	fatto	venire	venuto
leggere	letto	vivere	vissuto

Corso d'italiano per stranieri

Scrivi che cosa hai imparato.

Appunta i tuoi dubbi:

10   I viaggi di una volta. Uso dell'imperfetto e del passato prossimo

Sono innamorato dell'italiano, e mi sento alquanto sperduto senza la possibilità di provare a parlarlo.

J.R.R Talkien

Parlare delle vacanze
Imperfetto/passato prossimo
Modali al passato
Pronomi indiretti

Qual è stato il più bel viaggio della tua vita?
Scrivi dando 5 motivazioni

📖 **Leggi**

La più bella vacanza della mia vita è stata in **Grecia**, su
un'isola non molto turistica. Le motivazioni:

- per la gente

- per gli amici

- per le emozioni

- per i tramonti, le rocce rosse e il profumo di ginepro

-per tutto quello che ha rappresentato e rappresenterà, sempre.

Il più bel viaggio della mia vita l'ho fatto in **Messico**. Le
motivazioni:

- per la simpatia dei messicani

- per la bellezza e la magia delle rovine Maya e Azteche

- per la sensazione inesprimibile di potenza provata in cima
alla piramide del Sole

- per il mare verdeazzurro e trasparente dello Yucatan

- per Città del Messico e i suoi maggiolini verdi

E per te? Qual è stato il più bel viaggio della tua vita? Srivi 5 motivazioni.

Sai come si viaggiava nel 1700?

Esercizio 10.1 Leggi e declina i verbi tra parentesi all'imperfetto

Come si viaggiava nel Settecento?

Nel settecento il "turismo" come lo conosciamo oggi non (esistere) 1. | *esisteva*|. Viaggiare era pericoloso perché i ladri (essere) 2. | | sempre presenti nelle strade. Inoltre le carrozze facilmente (rompersi) 3. | | per il cattivo stato delle strade. Per i viaggi all'estero c'era un altro problema: la lingua. Poche persone (sapere) 4. | | una lingua straniera. Inoltre i viaggi erano lenti e lunghi e solo i più ricchi avevano i soldi per partire. Infatti solo una piccola minoranza di persone (viaggiare) 5. | |: c'erano i commercianti che lo (fare) 6. | | per necessità, poi i pellegrini che (andare) 7. | | a Roma per vedere il Papa e infine gli scrittori, i pittori e gli architetti che (volere) 8. | | imparare presso maestri stranieri o (cercare) 9. | | ispirazioni artistiche. Il piccolo Mozart, per esempio, (andare) 10. | | in giro per l'Europa (anche per l'Italia) per farsi conoscere.

Domande di comprensione:

1) Come si viaggiava nel '700?
2) Quali erano i pericoli più comuni?
3) Chi viaggiava a quei tempi?
4) Perché?

I modali al passato.

Ricorda che i verbi modali (**dovere, potere, volere**) quando sono al passato prendono l'ausiliare del verbo che li segue. Per esempio: *Devo mangiare tutto per non offendere mia suocera* diventa *Ho dovuto mangiare tutto...* perché mangiare vuole l'ausiliare avere. *Devo uscire prima* diventa *Sono dovuto uscire prima* perché uscire vuole l'ausiliare essere.

Esercizi con i verbi modali al passato

Completare le frasi con il passato prossimo dell'indicativo del verbo potere (come nell'esempio).

Alla sagra Paola non ....*ha potuto*...................... mangiare le pesche. È allergica.

A scuola noi bambini non .... giocare in giardino.

Ieri sera Giacomo non .... mangiare la torta
perché aveva mal di stomaco.

Mi dispiace se alla tua festa di sabato scorso io e Maria non
.... venire

Mi spiace, io ieri non .... venire con voi
perché ho dovuto finire un lavoro

La scorsa estate Franco e Michael non
.........................andare al mare neanche un giorno.

Abdul non è voluto venire al concerto perché non gli piace la
musica. Noi non .... convincerlo?

Tu .... venire alla festa ieri sera? Come
mai?

Non .... venire, perché stamani avevo un
colloquio e ho dovuto svegliarmi presto.

Completa con il verbo al passato come nell'esempio

a- Non (io- potere)..*sono potuta*.......venire con te al cinema
perché (dovere) ...*ho dovuto*...studiare.

b- Paolo, (volere).............................un passaggio per il
centro?

c- I ragazzi non (potere) ....rimanere a cena
perché (dovere).........................tornare a casa presto.

d- (Noi – volere) ....andare al cinema ieri sera.

e- Non (voi – potere) ....mangiare tanto dolce perché (dovere) ....fare una dieta.

📖 **Leggi**

L'anno scorso sono andato in vacanza a Parigi. Ho deciso dopo che la mia ex ragazza mi ha lasciato senza spiegazioni e ha perfino cancellato il viaggio che avevamo programmato insieme a Cuba. Mi è dispiaciuto e ho perso anche dei soldi ma siccome non volevo rimanere a casa, all'ultimo momento ho prenotato un volo per la capitale francese. Ci sono già stato ma Parigi è sempre una bella città e ci sono molte cose da vedere; così ho prenotato 5 notti in un Hotel a 4 stelle a Montmartre.

Sono arrivato alle 11:00 di sera e l'autista dell'albergo era già all'aeroporto ad attendermi. Mi ha portato in Hotel senza dire una parola ed io ero così stanco che non ho provato ad **attaccare discorso**. Una volta nella mia camera, ho aperto le tende e sono rimasto a bocca aperta di fronte al panorama, la vista era davvero bella.

La mattina dopo ho fatto colazione alle 8:00 con caffè, frutta, pane, burro e marmellata poi sono uscito subito diretto al Louvre. Così ho passato la mia vacanza: tutte le mattine facevo colazione in Hotel poi uscivo e andavo a visitare uno dei tanti musei interessanti che ci sono, poi mangiavo qualcosa in un Bistrot, dove è sempre facile scambiare due parole con qualcuno, e la sera rientravo in Hotel per studiarmi la guida turistica e pianificare la visita del giorno dopo.

È stata una vacanza molto piacevole che mi sono regalato anche se nessuno dei miei amici è voluto venire con me a consolarmi della mia nuova situazione sentimentale. Come si dice? *"Meglio soli che male accompagnati"*... !

Esercizio 10.2 Scrivi. Completa le frasi con parole tue:

1) Il protagonista è andato a Parigi da solo perché ...
2) Quando è arrivato a Parigi ...
3) Tutti i giorni ...
4) Anche se ha viaggiato da solo è contento perché ...
5) Alla fine è stata una vacanza ...

Grammatica: Imperfetto o passato prossimo?

Ricorda che l'imperfetto si usa:
Per azioni abituali nel passato, descrizioni nel passato, azione in progresso nel passato interrotta da un'altra in un preciso momento, azioni contemporanee nel passato

Il passato prossimo: per azioni avvenute in un momento preciso quindi con parole come *ieri, una settimana fa, l'anno scorso, nel 1992 ecc.......*

Imperfetto o passato prossimo?

Esercizio 10.3 *Completa il testo con i verbi all'imperfetto o al passato prossimo*

Durante le nostre ultime vacanze io e Maria (andare) |siamo andati| all'Isola d'Elba. (Partire) | | da piombino la mattina alle 8 e (arrivare) | | a Porto Ferraio alle 9.30.

(Viaggiare) | | in macchina per 1 ora prima di arrivare al nostro appartamento a Rio Marina. Lì (incontrare) | | i nostri amici di Milano. Tutti insieme (passare) | | una settimana molto piacevole. Tutti i giorni io (andare) | | a pescare, Maria (nuotare e prendere) | | e | | il sole e tutti (mangiare) | | insieme ogni giorno. Una vacanza molto rilassante!

NB Analizza l'uso dell'imperfetto e del passato prossimo nel testo. Sottolinea i verbi al passato e cerca di capire quando si usa il passato prossimo e quando l'imperfetto.

Remember:

Passato prossimo *we use to express actions which happened at a determinate moment.*
Imperfetto *we use to describe the past or to express actions that are not completely defined.*

Esercizio 10.4 Leggi e coniuga i verbi tra parentesi al passato, possono essere al passato prossimo o all'imperfetto.

Da piccolo Leo (abitare) |*abitava*| in campagna; la sua famiglia (avere) | | una grande casa su una collina e (possedere) | | un cane, un gatto, due mucche e un cavallo.
Leo (adorare) | | stare tra gli animali e appena (tornare) | | da scuola (mettersi) | | a giocare con loro.
Vicino alla sua casa (abitare) | |altri due bambini: Sara e Matteo che (andare) | | a scuola con lui.
Di solito il pomeriggio (fare) | | merenda insieme: pane e formaggio o pane e nutella. Un giorno Matteo (mangiare) | | così tanta nutella che (sentirsi) | |male e hanno dovuto portarlo dal dottore. Per fortuna non era niente di grave ed (potere) | | tornare a casa quasi subito e riprendere a giocare come sempre. I tre bambini (giocare) | | così tanto insieme in

quegli anni che ancora oggi, che hanno più di 20 anni, sono grandi amici e si sentono spesso.

Esercizio 10.5 Comprensione.

1.   Dove abitava Leo quando era piccolo?
2.   Cosa aveva la sua famiglia?
3.   Con chi giocava nel pomeriggio?
4.   Cosa mangiava per merenda di solito?
5.   Cosa è successo un giorno?
6.   Che rapporti hanno i tre ragazzi adesso?
7.   Ti piaceva giocare all'aperto quando eri piccola/o?
8.   Ti piaceva la nutella?

Pronomi indiretti

Mi= a me
Ti= a te
Le= a lei
Gli= a lui
Ci= a noi
Vi= a voi
Gli= a loro

Rispondi

Ti piace Pisa? | |
A William piace Kate? | |
Agli italiani piace la pasta? | |

Esercizio 10.6 Completa le risposte come nell'esempio:

Che cosa compri a Giovanni?
|*Gli*| compro un cappello.   GLI= a lui, pronome indiretto m.s

Corso d'italiano per stranieri

Che cosa regali a Roberta?
| |regalo una maglietta.

Che cosa mandi a Stefano e Marco?
| |mando un libro e un DVD.

Che cosa porti ai tuoi suoceri?
| |porto un mazzo di fiori.

Che cosa mi compri per il mio compleanno?
| |compro una macchina fotografica.

Che cosa ci regali per Natale?
| |regalo i guanti di lana.

I pronomi diretti e indiretti atoni

Diretti (sostituiscono un oggetto diretto).
Indiretti (sostituiscono un oggetto preceduto da –a)

Precedono il verbo

Diretti	Indiretti
Mi	Mi
Ti	Ti
La/Lo	Le/Gli
Ci	Ci
Vi	Vi
Le/Li	Gli

Esercizio 10.7 Cancella il pronome sbagliato

1) Sara ha telefonato a sua madre e gli/le ha chiesto la ricetta dei cannelloni.
2) Hai spedito la mail a Gianni? - No, però gli/lo ho telefonato.

3) Abbiamo preparato una sorpresa a Mario: non gli/li dire niente per favore.
4) Il film di Salvatores è interessante, lo/la voglio vedere.
5) Mi è piaciuta così tanto la torta che la/le ho mangiata tutta.
6) Non trovo più gli stivali: le/li hai visti?
7) Per il compleanno di mio padre le/gli regalerò un CD.
8) Un ragazzo mi ha chiesto di uscire con lui. Ma gli/li ho detto di no.

Esercizio 10.8 Scegli la risposta giusta

a.   Chiami spesso tua madre? |la| chiamo una volta alla settimana.

   le   gli   **la**

b.   Invitate tutti i parenti al vostro matrimonio? Sì, | | invitiamo tutti.

   le   li   l'

c.   Ragazzi, | | consiglio di leggere questo testo.

   li   ci   vi

d.   Sicuramente Anna non | | presterà dei soldi.

   vi   ci   si

e.   Avete visto il panorama? Sì, e | | troviamo stupendo!

   la   lo   ci

f.   Signora | | prego di non fumare qui.

   Gli   Le   La

g.   Sai dove sono le mie chiavi? Non | | so.

   lo   la   le

h.   Hai mai assaggiato questi biscotti? No, ma adesso | |
assaggio.

   l'   le   li

📖   **Leggi.** Come si prepara la valigia perfetta.

Oggi quando si viaggia si è costretti a portare con sé il minimo
indispensabile. Per non dimenticare nulla, conviene sempre
scrivere una lista di abiti e accessori che serviranno durante la
vacanza. È bene scegliere capi semplici, in colori neutri, perfetti
per essere mescolati tra loro in più combinazioni e per essere
sfruttati in più occasioni.
Si tratta di un piccolo trucco per minimizzare il numero degli
abiti e massimizzare le occasioni d'uso: a questo proposito,
qualunque sia la vostra destinazione, è sempre consigliabile
mettere in valigia un comodo jeans, un pantalone elegante e una
camicia bianca.
Chi va al mare non può dimenticare costume e infradito, chi
parte alla volta della montagna deve mettere in valigia un paio
di scarpe comode per fare trekking; ma, indipendentemente
dalla destinazione, ci sono oggetti che è sempre bene tenere a
portata di mano come occhiali da sole, cappelli e sciarpe.
Per organizzare la preparazione della valigia, bisogna partire
dagli oggetti più pesanti (come ad esempio le scarpe) e
procedere via via con l'inserimento degli abiti. Per riempire gli
spazi vuoti tra gli oggetti e per evitare che si spostino in
viaggio, può essere utile infilare biancheria, costumi e calzini,
che sicuramente non si sgualciranno.

Esercizio 10.9 Comprensione. Segna le affermazioni che sono presenti nell'articolo

A. Rispetto a qualche anno fa oggi fare le valigie è diventato semplice	
B. Per prima cosa non devono mai mancare i trucchi	
C. È bene fare una lista di quello che ci servirà	
D. L'infradito e il costume sono indispensabili per chi va al mare	
E. Quando si prepara la valigia è bene mettere prima gli oggetti pesanti	
F. Gli oggetti più piccoli si possono usare per riempire i buchi	

Esercizio 10.10 Completa le frasi inserendo le parole mancanti.

Mozart	viaggiava	in	cerca		avventure
Un	tempo	viaggiare		molto	pericoloso
Poche	persone	parlavano	una		straniera
Nel	'700	le	strade		scomode
Solo		benestanti	potevano	viaggiare	spesso
I	pellegrini	si	recavano		Papa

*In Italian there are several verb tenses that can be used to refer to the past. Each tense has its own rules as to when and how to use it. In the lesson 9 and 10 we saw the most frequently used: the present perfect (**passato prossimo**) and the imperfect (**imperfetto**).*

.

Appendice

Esercizio 10. A
Sottolinea I pronomi diretti e indiretti.

Ieri Maria è uscita di casa presto perché doveva fare spesa. È andata al supermercato per comprare e gelati ma non **li** ha trovati come li desiderava. Quando è tornata a casa ha trovato una sua amica che l'aspettava, le ha chiesto se voleva andare al cinema con lei. Maria le ha risposto che non poteva perché doveva ancora studiare e allora la sua amica le ha chiesto se almeno aveva tempo per andare a mangiare un gelato con lei. Maria ha accettato l'invito molto volentieri.

Esercizio 10.B
Scrivi delle frasi che iniziano con:

1) Un anno fa _____
2) Nel 1999 _____
3) Quando ero piccolo/a _____
4) La settimana scorsa _____
5) Ieri _____
6) Stamattina _____

Scrivi cosa hai imparato in questa lezione

Appunta qui cosa non ti è chiaro.

11   Scrivere una lettera. Futuro semplice e gerundio

Noi italiani siamo come dei nani sulle spalle di un gigante,
tutti. E il gigante è la cultura.

Renzo Piano

Scrivere una lettera informale
Particella CI
Futuro semplice
Trasporti pubblici

Dove sei stato?
Sei mai stato a Firenze? Sì, **CI** sono stato 2 volte.
Agli Uffizi? Sì, **CI** sono stato l'anno scorso.
A Pisa? No, non **CI** sono ancora stato ma **CI** andrò presto.

La particella "ci" sostituisce un luogo.
Sei mai stato a Roma? Sì, ci sono stato.
Ci= a Roma
Sei andato ai Fori imperiali?
Sì, ci sono stato
Ci= ai Fori imperiali

Esercizio 11.1 Inserisci la particella "ci" dove necessario.
Attenzione non in tutte le frasi è necessaria la particella "ci".

a.   Hai mai visitato il Vaticano? Sì, | | sono stata l'anno passato.

b.   Con chi sei andata? | | sono andata con mia sorella.

c.   Siete andati alla festa di Sara? Sì, certo, | | siamo andati.

d.   La prossima estate andrai al mare? No, non | | andrò.

e.   Con chi andrai in vacanza? | | andrò con il mio fidanzato.

f.   Andrai da sola in montagna? No, | | andrò con la mia famiglia.

g.   Vai spesso sulle Dolomiti? Sì, | | vado ogni anno.

h.   Andrete con il treno? No, | | andremo in macchina.

Esercizio 11.2 Inserisci un pronome diretto o la particella "ci". Scegli tra quelli dati nel riquadro.

> La - Li - CI - CI - CI - L'

Io e mia sorella l'anno scorso siamo andate a Roma. | | siamo state in maggio e forse la primavera è proprio il periodo ideale per visitar| |. Siamo state in Vaticano e | | abbiamo visto tutto: la Cappella Sistina, le stanze di Raffaello, la Pietà di Michelangelo e poi siamo andate ai Musei Vaticani: | | abbiamo ammirati tutti con una guida bravissima. | | siamo state tutto il pomeriggio e posso dire che sono veramente bellissimi. A cena siamo andate in un piccolo ristorante dove fanno i piatti tipici romani. È stata una giornata indimenticabile penso che | | **torneremo** molto presto.

Torneremo = futuro semplice

C'è una canzone italiana degli anni '60 molto famosa.
Ascoltala, leggi il testo e sottolinea i verbi al futuro.

🎧　Quando quando

Quando quando quando (di *Tony Renis)*

Dimmi quando tu **verrai**
dimmi quando... quando... quando...
l'anno, il giorno e l'ora in cui
forse tu mi **bacerai**...

Ogni istante attend**erò**,
fino a quando... quando... quando...
d'improvviso ti **vedrò**
sorridente accanto a me

Se vuoi dirmi di sì
devi dirlo perché
non ha senso per me
la mia vita senza te...

Dimmi quando tu **verrai**,
dimmi quando... quando... quando...
e baciandomi **dirai**,
"Non ci **lasceremo** mai!"

I verbi nella canzone sono tutti al futuro

Verrai- venire
Bacerai- baciare
Attenderò-attendere
Vedrò-vedere

Rispondi.

Quando verrai in Italia?
Quale film vedrai la prossima settimana?
Cosa farai la prossima domenica?

Ascolto N°12: Il futuro semplice

	Lavor-are	**Cred-ere**	**Part-ire**
Io	lavor-erò	cred-erò	part-irò
Tu	lavor-erai	cred-erai	part-irai
Lei/lui	lavor-erà	cred-erà	part-irà
Noi	lavor-eremo	cred-eremo	part-iremo
Voi	lavor-erete	cred-erete	part-irete
Loro	lavor-eranno	cred-eranno	part-iranno

	Essere	*Avere*
Io	sarò	avrò
Tu	sarai	avrai
Lei/lui	sarà	avrà
Noi	saremo	avremo
Voi	sarete	avrete
Loro	saranno	avranno

Alcuni verbi irregolari molto usati:

andare – andrò
bere - berrò
dire- dirò
fare- farò
potere-potrò
sapere – saprò
venire – verrò
vivere - vivrò
volere - vorrò

Attenzione: i verbi che terminano in -*care* oppure -*gare*
mantengono lo stesso suono anche davanti ad –e -i, quindi si ha
la comparsa di un adattamento ortografico (h): cer**ch**erò,
cer**ch**erai ecc.

Esercizio 11.3 Completa le frasi declinando i verbi tra parentesi

1.   L'anno prossimo (io iniziare) | *inizierò* | la dieta.
2.   Quando (io essere) | | grande (io fare) | | l'astronauta.
3.   Se vinco alla lotteria (comprare) | | una casa tutta per me.
4.   In settembre Luigi (iscriversi) | | in palestra.
5.   Ti prometto che (fare) | | tutto il possibile per aiutarti.
6.   Maria (partire) | | tra una settimana.
7.   Leo (restare) | | a Pisa da solo.
8.   Forse un giorno (loro - incontrarsi) | | di nuovo.
9.   Chi (vivere) | | (vedere) | |
10.   Il futuro (arrivare) | | molto presto

Il futuro semplice

Il futuro semplice si usa:

➢   **per indicare azioni e eventi nel futuro**

La prossima settimana andrò a Vinci

Enrico finirà l'Università fra un anno

➢   **per eventi presenti ritenuti incerti**

Dov' è Sandro, perché non è qui? Sarà ancora a casa

> *Quanti anni ha Sara? Avrà 30 anni, più o meno*

Esercizio 11.4 Leggi la lettera e declina i verbi tra parentesi al futuro

Pisa, 19 luglio 2016

Caro Leo,

ti scrivo per salutarti.
Tra una settimana esatta (lasciare) |*lascerò*| Pisa e (tornare) | |
a Madrid. Sono molto contenta perché tra poco (potere) | |
riabbracciare la mia famiglia e i miei cari amici ma so che tu mi
(mancare) | | molto. Sono stati belli i mesi che ho trascorso qui
a Pisa e ho imparato molte cose.

Ti (scrivere) | | spesso e (aspettare) | | le tue risposte, sono
sicura che ti (rivedere) | | presto. Quando (volere) | | venire
in Spagna ti (ospitare) | | molto volentieri.

Salutami tanto i tuoi genitori.

A presto.
Maria

La lettera informale

Pisa, 15 agosto 2015

Cara Maria,
 come stai? È da poco tempo che non ci sentiamo ma ho deciso
di scriverti per dirti quello che succede qui in questi giorni.
Come sai oggi è festa (Ferragosto) e tutti sono andati al mare
per festeggiare l'estate. Io, però, devo studiare perché proprio in
questi giorni **sto preparando** un esame molto difficile e così
sono a casa davanti al computer.
Da quando sei partita mi sono iscritto in piscina e ci vado due o
tre volte alla settimana, è un posto più tranquillo del mare.
Nel fine settimana comunque esco con i soliti amici, quelli che
hai conosciuto quando eri qui; di solito andiamo a bere qualcosa
insieme e poi a volte andiamo in discoteca, ci divertiamo un
sacco anche se un po' mi manchi!
Come vanno le cose a Madrid?
Spero di venirti a trovare presto, forse riuscirò a prendermi una
piccola vacanza dopo il prossimo esame, non vedo l'ora!
Ti abbraccio forte
Leo
P.S. Scrivimi presto

Esercizio 11.5 Prova tu adesso a scrivere una lettera ad un/a
tuo/a amico/a.

Puoi iniziare con:

Cara/o + nome del tuo amico/a
Ciao + nome
Dopo il nome devi mettere una, **(virgola)** e andare a capo.

Per salutare puoi scrivere:

Un abbraccio
Un bacio
Baci e abbracci
Saluti

Corso d'italiano per stranieri

A presto

Osserva il testo della lettera di Leo. Cosa significa **sto preparando**?

Prepar**ando** è il gerundio del verbo preparare

Verbi in –are	Verbi in –ere	Verbo in -ire
Mangi**ando**	Corr**endo**	part**endo**

Il gerundio preceduto dal verbo stare significa che l'azione avviene proprio in questo momento.

Sta piovendo = Piove in questo momento

Io sto mangiando
Tu stai guardando un film?
Lui sta uscendo
Noi stiamo studiando
Voi state dormendo?
Loro stanno preparando la cena.

Esercizio 11.6 Completa le frasi inserendo il gerundio.

1)   Maria, dove è Leo? (Correre) |*Sta correndo*| nel parco.

2)   Cosa è successo a Sandro? Perché (piangere) | |?
3)   Pronto? Sì, Maria è in casa ma non può venire al telefono perché (fare) | | la doccia.
4)   Sento una gran confusione. Chi (urlare) | |?
5)   Dove (andare) | | Mario senza scarpe?
6)   (Preparare) | | una cenetta romantica per la mia fidanzata.
7)   Siamo molto stanchi, (lavorare) | | troppo.
8)   Ragazzi, dove siete? Siamo qui vicino, (arrivare) | |
9)   I Rossi sono molto occupati perché (cambiare) | | casa.

10)   Quest'estate (piovere) | | molto. È veramente strano!

Tra una settimana partirai per l'Italia ma cosa sai del nostro paese? Conosci le feste principali? Come funzionano i trasporti? Dove conviene andare a mangiare?

Esercizio 11.7 Leggi l'intervista e rispondi alle domande.

Giornalista: Pasquale.....un nome un po' strano!

Pasquale: È vero. Mi chiamo così perché sono nato il giorno di Pasqua.

Giornalista: Chi ha deciso di chiamarti così?

Pasquale: È una tradizione di famiglia. Mio padre si chiama Valentino perché è nato il 14 febbraio.

Giornalista: Tuo padre è stato un esempio importante per te?

Pasquale: Sì, è un grande musicista. I miei genitori mi hanno insegnato ad amare la musica.

Giornalista: Siete una famiglia di artisti?

Pasquale: Sì, anche mia madre Erica ha sempre suonato il piano, ha girato tutto il mondo e ha suonato nei migliori teatri di quasi tutte le capitali europee.

Giornalista: E tu dove sei nato?

Pasquale: Io sono nato a Roma ma **ci** ho abitato pochi mesi.

Giornalista: Quindi ti senti napoletano?

Pasquale: Sì perché ho vissuto quasi sempre a Napoli, la mia

---

famiglia e i miei amici sono qui.

Giornalista: Hai studiato qui?

Pasquale: Sì, ho frequentato tutte le scuole a Napoli.

Giornalista: Anche il conservatorio?

Pasquale: Ho iniziato il conservatorio a 10 anni, insieme a mia sorella Natalia.

Giornalista: Non ti chiederò perché tua sorella si chiama Natalia ma vorrei sapere che cosa ha studiato?

Pasquale: Mia sorella ha studiato violino e io ho studiato pianoforte. Comunque solo per informazione mia sorella non si chiama Natalia perché è nata il giorno di Natale ma solo perché questo era il nome della scrittrice preferita da mia madre.

Giornalista: Natalia Ginzburg?

Pasquale: Esatto.

Ricorda: con i nomi di famiglia al singolare, l'aggettivo possessivo non è preceduto dall'articolo!

Rispondi:

1. Perché il ragazzo si chiama Pasquale? *Perché...*
2. Perché suo padre si chiama Valentino?
3. Chi ha insegnato a Pasquale ad amare la musica?
4. Cosa faceva la madre di Pasquale?
5. Dove è cresciuto Pasquale?
6. Come si chiama sua sorella e perché?
7. Che cosa è il conservatorio?

Esercizio 11.8 Indica le date delle feste

Natale, festa della Repubblica, Capodanno, festa della
Liberazione, festa dei lavoratori, Ferragosto, Epifania

1 gennaio ....
6 gennaio ....
25 dicembre ....
25 aprile ....
1 maggio ....
2 giugno ....
15 agosto ....

📖   **Leggi** Come viaggiare in Italia. I trasporti pubblici

Se stai programmando un viaggio in Italia per le prossime
vacanze è bene sapere qualcosa sui trasporti in Italia

Gli autobus
Ci sono molti autobus che viaggiano attraverso il traffico
cittadino, generalmente sono arancioni. Puoi comprare i biglietti
dell'autobus dai tabaccai, poi devi ricordare di timbrare il
biglietto nella macchinetta quando sali sul mezzo. È anche
possibile comprare il biglietto direttamente dall'autista ma in
questo caso è più caro.

I taxi
Ce ne sono diversi nelle grandi città, sono spesso di colore
bianco o giallo e sono abbastanza cari.

La metropolitana
Roma, Napoli, Milano e Genova hanno una rete di trasporto
sotterranea, la metropolitana o metrò. Non è una rete grande
come quella presente in alcune capitale di altri paesi europei
perché in Italia ogni volta che si scava sotto terra si trova un
tesoro archeologico.

I treni
Il treno è molto usato sia per viaggi lunghi che per brevi tragitti.
Ci sono vari tipi di treni: i regionali, gli Intercity, gli Eurostar e
le Frecce. Gli ultimi due sono i più veloci e più cari ma
decisamente molto comodi. Puoi comprare i biglietti
direttamente alle stazioni ferroviarie o nelle agenzie di viaggio
ed è necessario timbrarli prima di salire sul treno. I passeggeri
che viaggiano senza biglietto o con un biglietto non timbrato
sono multati. Viaggiare in treno è la miglior maniera di
muoversi in modo facile ed economico per le principali città e
paesi, soprattutto perché le stazioni di solito sono situate molto
vicine nel centro della città. Per gli Eurostar e le Frecce è
consigliabile la prenotazione.

Esercizio 11.9 Domande di comprensione

1. Dove puoi comprare i biglietti dell'autobus in Italia?
2. Di che colore sono i taxi?
3. Quanti tipi di treni ci sono in Italia?
4. Quando si deve timbrare il biglietto del treno?
5. In quali città italiane c'è la metropolitana?
6. E nel tuo paese?
7. È necessario timbrare il biglietto sui treni e gli autobus?
8. C'è la metropolitana?
9. Di che colore sono i taxi?
10. E gli autobus?

Esercizio 11.10 Riordina le frasi

Un - finirò - l'- quando – andrò – all' - vivere - Università – per
- a – anno – estero
| || || || || || || || || || || || |
Di – fidanzata – non - con – andrà - Sandro – in – la – lui -
vacanza
| || || || || || || || || || ||
Vacanze – tre – finiranno - purtroppo – tra – le - giorni
| || || || || || || |
Corso -? – il – cosa – dopo – italiano – farai - d'-
| || || || || || || |?
Questo – pensi – Maria - a – piacerà – regalo – che - ?
| || || || || || || |?

*Remember that in Italian the future tense can be used to express
a probable fact.
I wonder where is Maria. Probably she is at home.*
Dove sarà Maria? Sarà a casa.

**Hai completato il tuo primo corso d'italiano
Complimenti!**

Come ti senti?
Secondo te è stato facile?
Hai capito tutto?

Hai tenuto un **DIARIO** durante il corso?
Se non lo hai fatto ti consiglio di iniziare a scrivere tutti i giorni
2 o 3 righe in italiano.
Scrivere poche righe al giorno nella lingua che stai studiando, ti
dà il tempo di riflettere sul significato delle parole e sulla
composizione della frase.
Ripeto: basta poco, bastano 3 frasi al giorno e vedrai il tuo
italiano migliorare e diventare più fluente.

Non smettere, la lingua si pratica ogni giorno e parlare bene una
lingua straniera ti permetterà di ampliare la tua vita!

Buon lavoro!

Test

Mettiti alla prova.
Fa' gli esercizi e calcola il punteggio ottenuto.
Le soluzioni degli esercizi le trovi alla fine del libro.

Prova A. Inserisci l'articolo esatto, può essere determinativo o indeterminativo
Attribuisci 1 punto per ogni risposta esatta.

In Italia ci sono molte città storiche famose. (1) | |città più visitata dai turisti stranieri è Roma, seguita da Firenze e Venezia. (2) | | studio Istat dimostra che (3) | |turisti stranieri preferiscono (4) | | città d'arte più famose ai luoghi di mare mentre (5) | | italiani amano passare (6) | |loro vacanze sulla spiaggia o in (7) | | zona di montagna. (8) | | ricerca ci dice anche che (9), con | | certa sorpresa, (10) | | siti archeologici non sono molto visitati mentre alcuni musei contano milioni di visite ogni anno.
(_/10)

Prova B. Declina i verbi tra parentesi al presente indicativo.
Attribuisci 1 punto per ogni risposta esatta.

Molti ragazzi italiani (praticare) (1) | | lo sport regolarmente.
Il calcio (essere) (2) | | lo sport più amato dai maschi mentre le femmine (preferire) (3) | | la pallavolo.
Mediamente una famiglia italiana (spendere) (4) | | 100 euro alla settimana per le attività ricreative dei figli. Queste spese (comprendere) (5) | | anche altre cose come il cinema, la pizza, le uscite con gli amici. Insomma tutte le attività che i ragazzi (amare) (6) | | fare nel tempo libero.

(_/6)

Prova C. Abbina il nome a sinistra con la sua definizione a destra

Attribuisci 1 punto per ogni risposta esatta.

A	Cuoco	1	può contenere l'acqua
B	Camera da letto	2	si mettono ai piedi
C	Calcio	3	dove si fa sport
D	Bicchiere	4	lavora in cucina
E	Scarpe	5	vende frutta e verdura
F	Palestra	6	uno sport molto popolare in Italia
G	Fruttivendolo	7	vende giornali e riviste
H	Edicola	8	la stanza dove si dorme

A| |B| |C| |D| |E| |F| |G| |H| |

(__/8)

Prova D. Elimina la parola estranea da ogni gruppo
Attribuisci 1 punto per ogni risposta esatta

Tavolo	Libro	Stanza	Libro	Mare
Sedia	Calcio	Camera	Stivale	Palestra
Vino	Penna	Canzone	Disco	Discoteca
Divano	Quaderno	Soggiorno	CD	Piscina
Piatto	Maglia	Edicola	Amico	Cane
Pomodoro	Camicia	Bar	Fratello	Gatto
Bicchiere	Pantaloni	Osteria	Cugino	Melone
Forchetta	Coperto	Trattoria	Zio	Mucca

(_/10)

Prova E. Leggi la storia di Leo e Maria. Attenzione, però, il testo non è in ordine. Riordina le frasi iniziando con "Leo e Maria…"
Abbina 1 punti ad ogni frase posizionata al posto giusto

A.   I due ragazzi si sono subito trovati simpatici e hanno iniziato ad uscire insieme.

B.   Ogni settimana Leo ha portato Maria nei luoghi più interessanti della sua città.

C.   Prima di partire, però, ha scritto una lettera a Leo dove gli dice che vuole rimanere in contatto con lui.

D.   Dopo tre mesi il corso di Maria è finito e lei è dovuta tornare a Madrid.

E.   Leo e Maria si sono conosciuti a Pisa dove Maria è andata a fare un corso post laurea.

F.   Hanno fatto anche delle escursioni a Firenze e in altre città italiane, sono andati al cinema e a passeggio per i monti pisani.

| || || || || || |

(__/6)

Prova F. Declina i verbi tra parentesi all'imperfetto. Che vita faceva Mario nel 2005?

Nel 2005 Mario (lavorare) 1. | | come impiegato presso gli uffici del comune. Tutte le mattine (alzarsi) 2. | | alle 6:00, (prendere) 3. | | il treno alle 7:00 e (arrivare) 4. | | sul luogo del lavoro alle 7.40. Dalle 8:00 alle 13 (lavorare) 5. | | e poi (avere) 6. | | un'ora e mezzo per la pausa pranzo. Alle 17.30 (smettere) 7. | |di lavorare e (tornare) 8. | | a casa. Il mercoledì e il venerdì sera (andare) 9. | | sempre in palestra perché (volere) 10. | |tenersi in forma.

(__/10)

Prova G. Declina i verbi al passato prossimo.

1)   Il muro di Berlino (cadere) | |nel 1989.
2)   Gianni (nascere) | | a Roma nel 1976.
3)   Ieri gli studenti (arrivare) | | in ritardo.
4)   Durante le ultime vacanze (camminare) | | molto.
5)   La scorsa settimana noi non (mangiare) | |la carne.
6)   Io ancora non (vedere) | | "La grande bellezza".
7)   Stamattina mi (telefonare) | | Leo.
8)   Luigi è una persona sincera, non (dire) | | nessuna bugia.
9)   Gianna, (chiedere) | | il permesso ai tuoi genitori?
10)   Maria (fare) | | una vacanza da sogno!

Corso d'italiano per stranieri

(_/10)

Prova H. Inserisci le preposizioni che mancano. Possono essere semplici o articolate.
Ogni risposta giusta vale 1 punto

1)   L'acqua è | | tavolo.
2)   La giacca è | | armadio bianco.
3)   I miei genitori vivono | | Londra.
4)   Ho deciso di andare | | palestra.
5) | |Italia si parlano molte lingue.
6)   I libri sono | | scrivania.
7)   Vorrei gli spaghetti | |pesto.
8)   Mario è amico | | cugina di Sara.
9)   Il libro è | |un ragazzo che non conosco.
10)   La giacca è | | mia professoressa.

(_/10)

Prova I. Declina i verbi tra parentesi (possono essere al presente, passato prossimo, imperfetto o futuro).
Ogni risposta esatta vale 2 punti

Quando io (essere)1. | | piccolo la persona della famiglia che (amare)2. | | di più essere 3. | | mio nonno. Lui 4. (essere) | | una persona molto solare, (amare) 5. | | stare in compagnia e raccontare vecchie storie. Noi (parlare) 6. | | molto, soprattutto la domenica mattina quando tutti (dormire) 7. | | un po' di più ed io e lui (trovarsi) 8. | | in cortile insieme. Spesso (ricordare) 9. | | della sua gioventù e un giorno mi (raccontare) 10. | | di quando nel 1944 lui e la sua famiglia scappare 11. | | sui monti durante la seconda guerra mondiale. Quei tempi (essere) 12. | | molto duri. Oggigiorno noi giovani (avere) 13. | | molte cose che lui non (potere) 14. | | avere. Adesso lui non (esserci) 10. | | più ma ricordare 11. | | ancora quello che mi (dire) 12. | | sempre "Pensa con la tua testa e (trovare) 13. | | la tua strada
190

altrimenti la vita non (avere) 14. | | senso e non (essere) 15. | | mai felice".

(__/20)

Prova L. Scegli la parola giusta tra quelle date.
Ogni risposta esatta vale 2 punti

Nella mia casa paterna, quand'ero 1. | | (donna – ragazzina – felice), a tavola, se io o i miei fratelli rovesciavamo il bicchiere sulla tovaglia, o lasciavamo cadere un coltello, la 2. | | (voce-gamba-mano) di mio padre tuonava: - Non fate malegrazie!
Se inzuppavamo il pane nella salsa gridava: - Non leccate i 3. | | (piatti – vasi – quaderni)! Non fate sbrodeghezzi! Non fate potacci!
Sbrodeghezzi e potacci erano per mio padre, anche i quadri moderni, che non poteva soffrire.
Diceva: Voialtri non sapete stare a 4. | | (sedia – tavola – letto)! Non siete gente da portare nei luoghi!
Soleva commentare, a 5. | | (pranzo – pausa – merenda), le persone che aveva visto nella giornata. Era molto severo nei suoi giudizi, e dava dello stupido a tutti.

(Da " *Lessico familiare*" di Natalia Ginzburg)

(__/10)

Corso d'italiano per stranieri

Calcola il tuo punteggio

Prova A	(/10)
Prova B	(/6)
Prova C	(/8)
Prova D	(/10)
Prova E	(/6)
Prova F	(/10)
Prova G	(/10)
Prova H	(/10)
Prova I	(/20)
Prova L	(/10)
Totale	(/100)

Se hai totalizzato più di 70 punti sei pronto per affrontare un corso di italiano di Livello B1.
Complimenti!

Soluzioni del test.

Prova A: 1. La 2. Uno 3. I 4. Le 5. Gli 6. Le 7. Una 8. La 9. Una 10. I

Prova B: 1. Praticano 2. È 3. Preferiscono 4. Spende 5. Comprendono 6. Amano

Prova C: A- 4 B-8 C-& D-1 E-2 F-3 G-5 H-7

Prova D: Vino – calcio - canzone – stivale – mare – pomodoro – coperto – amico – melone

Prova E: E-A-B-F-D-C

Prova F: 1. Lavorava 2. Si alzava 3. Prendeva 4. Arrivava 5. Lavorava 6. Aveva 7. Smetteva 8. Tornava 9. Andava 10. Voleva

Prova G: 1. È caduto 2. È nato 3. Sono arrivati 4. Ho camminato 5. Abbiamo mangiato 6. Ho visto 7. Ha telefonato 8 Ha detto 9. Ha chiesto 10. Ha fatto.

Prova H: Sul – Nell' – A – I – In – Sulla – Al – Della – Di – Della.

Prova I: 1. Ero 2. Amavo 3. Era 4. Parlavamo 5. Dormivano 6. Ci trovavamo 7. Raccontava 8. Ho raccontato 9. Sono scappati 10. C'è 11. Ricordo 12. Diceva 13. Trova 14. Avrà 15. Sarai

Prova L: Ragazzina – voce - piatti – tavola – pranzo.

Soluzioni degli esercizi

Lezione 1

Esercizio 1: Lei è francese – Lui è italiano – Lei è tedesca – Lui è americano – Lei è italiana – Lei è inglese – Lui è argentino – Lei è spagnola.

Esercizio 2: 1.è 2.siamo 3.è 4.siete 5.siamo 6.sono 7.sono 8.sei 9.sono 10.sono

Esercizio 3: 1.f 2.m 3.m 4.m 5.f 6.m 7.f 8.f 9.m 10.f 11.m 12.f 13.m 14.m 15f 16.f 17.m 18.m 19.f 20.f 21.m 22.m 23.f/m 25.f.

Esercizio 4: 1.un 2.un' 3.un 4.una 5.un 6.una 7.una 8.uno-un 9.uno 10.un 11.una 12.uno

Esercizio 5: 1.sono 2.è 3.sono 4.è 5.siete 6.siamo 7.sono 8.sono 9.sei 10.è

Esercizio 6: 1.ho 2.hai 3.hanno 4.avete 5.ha 6.ho 7.abbiamo 8.ha 9.ha 10.abbiamo

Esercizio 7: 1.sono 2.hanno 3.avete 4.siete-siamo 5.hai-ho 6.è-ha 7.avete-ho 8.ho 9.hanno 10.ha

Esercizio 8: 1.quindici 2.tre-quattro-sei-inque-sei-sette-sei-otto-nove 3.sedici 4.quattro 5.venticinque 6.trentanove 7.diciannove 8.sette 9.trentadue 10.ottanta

Esercizio 9: 1.ha 2.è 3.ha 4.è 5.è 6.ha 7.ha 8.sono 9.è 10.è

Esercizio 10: Scelta libera

Lezione 2

Esercizio 2.1: bambini- bambine - piatti – tavoli –fiori –penne –finestre –porte –bicchieri –bottiglie –colazioni –biscotti – caffè –città –bar –sport –

Esercizio 2.2:| il| biscotto | i |biscott.i |il |caffè | i |caff é| l'| aranciata | le| aranciat.e.| la |marmellat.a.| le |marmellat.e | la | frittella | le |frittell.e.| lo |spumante | gli |spumant.i. |la |spremuta | le |spremut.e. il cornetto i cornett.i

Esercizio 2.3: 1. mangia 2. guarda 3. prepara 4. raccontano 5. parliamo 6. studi 7. giocano 8. cucina 9. dorme 10. rispondono 11. ascolta 12. legge 13. abitano 14. partite 15. vive 16. mangiamo 17. studio 18. finiscono 19. capisci 20. Preferiscono

Esercizio 2.4: | il| giardino - la sedia - la camera- il letto - la stanza - il tavolo – l'| armadio - la finestra - la stazione il tappeto - lo specchio - la televisione - il quadro - la colazione - il pranzo – la pasta - la cena - il   riso – il latte – il caffè - il lavoro – il pomodoro - -il vino – l'acqua - il dolce –l' antipasto –la pianta - il libro - lo zio - la libreria - il cuscino - l'amica - la professione – la macchina - l' uomo – l' amico - lo studente - lo zaino – lo stereo

Esercizio 2.5: le case –gli amici – gli spaghetti - gli studenti – le mamme – le donne – i ristoranti – le strade – le stazioni – i fratelli – i piatti – le amiche – i quaderni – le stanze – le colazioni – i pranzi – le cene – gli armadi – le televisioni – le penne – le matite – le dottoresse – i dottori – i gatti – e gatte – i fiori – gli zaini

Esercizio 2.6: I piatti grandi - Le ragazze intelligenti - Gli studenti antipatici – Le amiche sincere -Gli sport faticosi - Le serate meravigliose - I maglioni rossi - Gli alberi verdi -I giardini fioriti – Le informazioni sbagliate

Esercizio 2.7: Mio fratello è più grande – I suoi amici sono simpatici - Il loro gatto è nero. - Questo è il suo libro? - La vostra macchina è rossa? - Un nostro amico è argentino. – I loro figli sono in vacanza. – La mia penna è nuova. - La sua casa di Sara è molto vecchia – Suo fratello ha 19 anni.

Esercizio 2.8: La mia amica americana non parla italiano – Io non ho il quaderno ma ho la penna (Io ho la penna ma non ho il quaderno) – Lui ha una bicicletta rossa molto bella – Sandro vive in una grande città con sua sorella - I bambini guardano i cartoni in TV.

Esercizio 2.9: 1. ha 2. vive 3. frequenta 4. studia 5. ama 6. va 7. corre 8. gioca 9. ama 10. preferisce.

Esercizio 2.10: Io studio – tu studi – lei/lui studia – noi studiamo – voi studiate – loro studiano / Io vivo – tu vivi – Lei/lui vive – noi viviamo – voi vivete – loro vivono / Io parto – tu parti – lei/lui parte – noi partiamo – voi partite – loro partono / Io finisco – tu finisci – lei7lui finisce – noi finiamo – voi finite – loro finiscono.

Lezione 3

Esercizio 3.1: 1. Va 2. Sta 3. Vanno 4. Faccio 5. Fanno 6. Va 7. Dà 8. Dice 9. Venite 10. Escono 11. Beve 12. Vengo 13. Escono 14. Andiamo

Esercizio 3.2: sono – fanno – lavorano – escono – frequentano – sono – sono

Esercizio 3.3: escono – va – dai – sto – dicono – fa – vado – andate – diamo – preferisci

Esercizio 3.4: 1. Veniamo 2. Finiscono 3. Preferisco 4.

Pulisce 5. Usciamo 6. Facciamo 7. Rimanete 8. Fanno - sono 9. Esco 10. Preferisci

Esercizio 3.5: Sandro e Luisa anno al mare – Noi non usciamo mai prima delle 20:00 – La professoressa vuole anticipare il test - Stasera tu vieni alla festa? – Ragazzi voi restate a casa oggi – Io non do i soldi per il regalo – Mario non sta bene oggi – I genitori di Maria sono spagnoli.

Esercizio 3.6: A-7 B-9 C-4 D-8 F-5 G-6 H-11 I-12

Esercizio 3.7: Lunedì – Martedì – Mercoledì – Giovedì – Venerdì – Sabato – Domenica.

Esercizio 3.8: Libera scelta.

Esercizio 3.9: Lui gioca a calcio, è un giocatore – Lui gioca a tennis, è un tennista– Lei scrive, è una scrittrice – Lui corre in macchina, è un pilota – Lei nuota, è una nuotatrice – Lui cucina, è un cuoco – Lui disegna, è uno stilista – Lui dipinge, è un pittore – Lei canta, è una cantante – Lei recita, è un'attrice.

Esercizio 3.10: Io compro il giornale – Loro prendono il bus – Noi vogliamo 2 gelati – Lei fa la cuoca – Tu sei simpatico.

Lezione 4

Esercizio 4.2: Libera scelta

Esercizio 4.3 1. puoi 2. può 3. vuole – può 4. devono – vogliono 5. vogliono 6. deve 7. vuole 8. sanno 9. voglio 10. vuoi – posso

Esercizio 4.4 1. veniamo 2. finisce 3. preferisco 4. vuoi 5. pulisco 6. usciamo 7. faccio 8. rimango 9. andiamo 10.

Dovete

Esercizio 4.5 1. A.in 2.in 3.in 4 in 5 in 6.in 7 a. 8 a. 9 in – in 10.a

Esercizio 4.6 1.in 2.di 3.di 4.su 5.da 6.da 7.per 8.per 9.in 10.con

Esercizio 4.7 1. Vivono 2. Abitano 3. Vogliono 4. Potete 5. Devo 6. Sappiamo 7. Fa 8. Giocano 9. Puoi 10. Escono

Esercizio 4.8: sette e trenta – sette e un quarto – dieci e venti – undici e cinquanta (dodici meno dieci) – mezzogiorno e mezzo – una (tredici) –due e dieci (quattordici e dieci) – sedici e quaranta – le undici (le ventitré) – mezzanotte e mezzo

Esercizio 4.9: 1. So 2. Può 3. Può 4.può 5 sanno 6. Sanno 7. Può 8 sa 9. Può 10. possiamo

Esercizio 4.10 GIUGNO – APRILE – AGOSTO – FEBBRAIO – MARZO – GENNAIO – LUGLIO – NOVEMBRE – OTTOBRE – DICEMBRE – MAGGIO

Lezione 5

Esercizio 5.1 1. Ci sono 2. C'è 3. Ci sono 4. Ci sono 5. C'è 6. C'è 7. Ci sono 8. Ci sono

Esercizio 5.2: In sala da pranzo – In soggiorno – In cucina – In camera da letto – Terrazza o balcone – In bagno – Nell'ingresso – Ripostiglio o cantina.

Esercizio 5.3 In cucina ci sono due frigoriferi -In camera ci sono due armadi - Negli studi ci sono due scrivanie - In bagno ci sono due specchi - In soggiorno ci sono due tavoli -

In sala ci sono due televisori - In giardino ci sono due vasi di fiori - Sul balcone ci sono due poltrone - Nell'ingresso ci sono divani.

Esercizio 5.4 I giardini sono piccoli - I tavoli sono grandi – Le cucine sono nuove – I computer sono vecchi – Le finestre sono aperte – I divani sono neri – Le sedie sono vuote –Gli esercizi sono facili

Esercizio 5.5 1. È bellissima 2. Lunghissimi 3. Quattro 5. Di Napoli 6. Russa 7. Scuri 8. Rossi

Esercizio 5.6 1. Queste cucine sono piccole per noi. 2.

Questi ragazzi sono francesi 3. Quegli studenti sono italiani?

4. Quei bicchieri sono tuoi? 5. Queste sedie sono libere?

6. Questi posti sono occupati? 7. Quei lavori sono semplice. 8. Quegli armadi sono troppo grandi. 9. Quelle ragazze sono con voi? 10. Quei bambini sono simpatici.

Esercizio 5.7 1. comodo 2. Moderna 3. Profumati 4. Caro 5. Ricca 6. Intelligente 7. Pulita 8. Alti

Esercizio 5.8 Quella casa è troppo piccola – Questi ragazzi hanno molta fame – Quel giardino è molto verde.

Esercizio 5.9 fai – cerco – visito – vai – voglio – conosco – è – sai – ha – posso

Esercizio 5.10 A Pisa c'è una torre famosa – A Firenze c'è il ponte Vecchio – A Verona c'è una famosa Arena – In Calabria Ci sono i Bronzi di Riace – In Sicilia ci sono molti limoni e molte arance – In Campania c'è la costiera amalfitana – In Piemonte c'è la città di Torino – A Venezia ci

> sono molti ponti e canali – In Liguria ci sono le Cinque Terre.

Lezione 6

Esercizio 6.1: 1. Sì, a lei piacciono 2. Sì, a lui piace. 3. Sì, a lei piace. 4. No, a lui non piacciono 5. Sì, mi piace 6. No, non mi piace 7. Sì, a loro piace 8. No, a loro non piace 9. Sì, a loro piace 10. Sì, mi piacciono.

Esercizio 6.2: Libera scelta

Esercizio 6.3: Carla va in campagna perché le piace – Il suo cane si chiama Fido – Lei ascolta il silenzio – Non le piace la confusione – Non le piacciono i luoghi affollati.

Esercizio 6.4: 1. al 2. nell' 3. delle 4. per 5. agli 6. dall' 7. dal 8. al 9. alle 10. Negli

Esercizio 6.5: 1. del 2. del 3. del 4. della 5. dell' 6. del 7. dei 8. Delle

Esercizio 6.6: al - Io- vive- Pisa – con – andiamo – con – in.

Esercizio 6.7: 1. In tabaccheria 2. All'edicola 3. In panetteria 4. In gelateria 5. In farmacia 6. Alla posta e in tabaccheria 7. In macelleria 8. In pescheria

Esercizio 6.8: 1. in 2. in 3. sul 4. al 5. in 6. al 7. a 8. in 9. a 10. in

Esercizio 6.9: Io faccio, tu fai, lei/lui fa, n oi facciamo, voi fate, loro fanno – io so, tu sai, lei/lui sa, noi sappiamo, voi sapete, loro sanno- Io esco, tu esci, lei/lui esce, noi usciamo, voi uscite, loro escono – Io voglio, tu vuoi, lei/lui vuole, noi vogliamo, voi volete, loro vogliono.

Esercizio 6.10: Libera scelta

Lezione 7

Esercizio 7.1: 1.B 2.D 3.A 4.C 5.E 6.F

Esercizio 7.2: 1. Ci 2. Mi – mi 3. Si 4.si 5. Ti 6. Si 7. Si 8. Si

Esercizio 7.3: 1. Si alza 2. Si sveglia 3. Mi faccio – mi lavo 4. Si fa - Si pettina 5. Ci vestiamo – ci mettiamo 6. Si pettina 7. Si trucca 8. Si mascherano

Esercizio 7.5: vai – andiamo – andare – visitare – c'è (fanno) – vai – vado

Esercizio 7.6: alcune amiche/ delle amiche/ qualche amica – alcuni sport/ degli sport/ qualche sport – alcune serate / delle serate / qualche serata – alcuni maglioni/ dei maglioni/ qualche maglione – Alcuni alberi / degli alberi / qualche albero – Alcuni giardini / dei giardini/ qualche giardino – Alcune informazioni / delle informazioni / qualche informazione.

Esercizio 7.7: Libera scelta

Esercizio 7.8: Libera scelta

Esercizio 7.9: questa – queste – questi – questo - quest'-queste – questa – queste – questi – questo.

Esercizio 7.10: Quel – quella – quei – quell'- quell'- quel – quella – quel – quelle – quegli.

Lezione 8

Esercizio 8.1 1. Amato 2. Giocato 3. Parlato 4. Tenuto 5. Caduto 6. Dormito 7. Partito 8. Sentito

Esercizio 8.2 1. Hai 2. Ha 3. Abbiamo 4. Avete 5. Hanno 6. Ho 7. Ha 8. Ho 9. Ha 10. Abbiamo

Esercizio 8.3 1. È 2. Sono 3. È 4. Sono 5. È 6. È 7. Sono 8. Siete 9. Sono 10. è

Esercizio 8.4 1. Siamo tornati 2. È entrato 3. È partito 4. È arrivato 5. Sono andati 6. È partito 7. Sono venuti 8. Sono partiti 9. Siete stati 10. È andato.

Esercizio 8.5 1. Ho 2. È 3. Ha 4. Hanno 5. È 6. Ho 7. È 8. Sono 9. Siete 10. Ha

Esercizio 8.6 1. Letto 2. Visto 3. Andato/a 4. Fatto 5 comprato 6. Partito 7. Offerto 8. Guardato 9. Andati 10. Perso.

Esercizio 8.8 1. È andato 2. Ha studiato 3. Hanno mangiato 4. È cominciato 5. Ha scritto 6. Ha preso 7. Abbiamo visto 8. Avete avuto 9. Ho fatto 10. Ha vinto

Esercizio 8.9 ha lasciato – è nato – è tornato – è diventato – è arrivata – ha cominciato – è stato –ha conosciuto – è nata – è diventato – è riuscito – è scoppiato – ha distrutto – ha perso – ha potuto – è diventato – è rimasto – si è innamorato – si è interrotta – ha deciso – è diventato – ha lasciato

Esercizio 8.10 1. A Giancaldo 2. A Roma 3.Perché è morto Alfredo 4. Da bambino 5. È scoppiato un incendio 6. Le scene dei baci.

Lezione 9

Esercizio 9.1: 1. Era – andava- spendeva 2. Dormivo – facevo 3. Preparava – guardava 4. Parlava – stava 5. Ero –bevevo 6. Abitavano 7. Erano – ascoltavano 8. Lavorava – arrivava 9. Si ammalava 10. Facevano

Esercizio 9.2: Soluzione libera.

Esercizio 9.3: 1. Era – viveva 2. Mi svegliavo 3. Volevano 4. Aveva 5. Era 6. Aveva 7. C'era 8. C'erano.

Esercizio 9.4: esce – va – compra – ha – fa – torna – rimane – va – è – si prepara – guarda – legge.

Esercizio 9.5: usciva – andava – comprava – aveva – faceva – tornava – rimaneva – andava – era – si preparava – guardava – leggeva

Esercizio 9.6: 1. le 2. lo 3. ti 4. le 5. li 6. ci 7. La 8. le

Esercizio 9.7: vorrei – li vuole – li vorrei – vorrei

Esercizio 9.8: Soluzione libera

Esercizio 9.9: 1b) No, li 2b) No, lo 3b) Sì, lo 4b) No, la 5b) Sì, la

Esercizio 9.10: 1. Li ho visitati 2. L'ho ascoltata 3. Li ho conosciuti 4. L'abbiamo mangiata 5. Le ho comprate 6. Le ho sviluppate 7. L'ho presa 8. Sì, l'ho finita.

Lezione 10

Esercizio 10.1 1) esisteva – 2) erano – 3) si rompevano – 4) sapevano – 5) viaggiava – 6) faceva – 7) andavano – 8)

volevano – 9) cercavano –10) andava.

Esercizio 10.2: perché la sua ragazza l'ha lasciato – c'era l'autista ad attenderlo – tutti i giorni visitava i musei – è meglio viaggiare da soli che in cattiva compagnia. – molto piacevole.

Esercizio 10.3: siamo andati – siamo partiti – siamo arrivati – abbiamo viaggiato – abbiamo incontrato – abbiamo passato – andavo – nuotava – prendeva – mangiavamo.

Esercizio 10.4: abitava – aveva – possedeva – adorava – tornava – si metteva – abitavano – andavano – facevano – ha mangiato – si è sentito – è potuto – hanno giocato.

Esercizio 10.5: In campagna – Una grande casa – on Sara e Matteo – Pane e formaggio o pane e nutella – sono ancora amici.

Esercizio 10.6: gli – le – gli – gli – ti - vi

Esercizio 10.7: gli – li – gli – gli – le – le – le – gli – gli

Esercizio 10.8: lo – li – vi – ci – lo – La – lo – li

Esercizio 10.9: A (no) B (no) C (sì) D (sì) E (sì) F (sì)

Esercizio 10.10: di – era – lingua – erano - dal

Lezione 11

Esercizio 11.1: a. ci b. ci c.ci d. ci e.ci f.ci g.ci h.ci

Esercizio 11.2: ci – la –l'-li-ci-ci

Esercizio 11.3 1. Inizierò 2. Sarò-farò 3. Comprerò 4. Si iscriverà 5. Farò 6. Partirà 7. Resterà 8. Si iscriveranno 9. Vivrà – vedrà 10. Arriverà

Esercizio 11.4 lascerò – tornerò – potrò – mancherai – scriverò – aspetterò – rivedremo – vorrai – ospiterò.

Esercizio 11.5: Libera scelta.

Esercizio 11. 6: 1. Sta correndo 2. Sta piangendo 3. Sta facendo 4. Sta urlando 5. Sta andando 6. Sto preparando 7. Stiamo lavorando 8. Stiamo arrivando 9. Stanno comprando 10. Sta piovendo

Esercizio 11.7: 1. Perché è nato il giorno di Pasqua. 2. Perché è nato il 14 febbraio 3. I suoi genitori 4. La pianista 5. A Napoli 6. Natalia come la scrittrice preferita da sua madre 7. Una scuola di musica.

Esercizio 11.8: 1. Capodanno 2. Epifania 3. Natale 4. Festa di Liberazione 5. Festa dei lavoratori 6. Festa della Repubblica 7. Ferragosto

Esercizio 11.9: 1. In tabaccheria o direttamente sull'autobus 2.Bianchi o gialli 3. Regionali, Intercity, Eurostar e Frecce. 4. Prima di salire sul treno 5. A Roma, Milano Napoli e Genova.

Esercizio 11.10 1. Quando finirò l'Università, andrò a viere all'estero per un anno. 2. La fidanzata di Sandro non andrà in vacanza con lui 3. Purtroppo le vacanze finiranno tra tre giorni 4. Cosa farai dopo il corso d'italiano? 5. Pensi che a Maria piacerà questo regalo?

Corso d'italiano per stranieri

www.italianlessonsonline.it

19214039R00118

Printed in Poland
by Amazon Fulfillment
Poland Sp. z o.o., Wrocław